Biotechnologie

Anwendung, Branchenentwicklung,
Investitionschancen

von

Dr. Dr. Gerald Pilz

Oldenbourg Verlag München

Bibliografische Information der Deutschen Nationalbibliothek

Die Deutsche Nationalbibliothek verzeichnet diese Publikation in der Deutschen
Nationalbibliografie; detaillierte bibliografische Daten sind im Internet über
<http://dnb.d-nb.de> abrufbar.

© 2010 Oldenbourg Wissenschaftsverlag GmbH
Rosenheimer Straße 145, D-81671 München
Telefon: (089) 45051-0
oldenbourg.de

Lektorat: Wirtschafts- und Sozialwissenschaften, wiso@oldenbourg.de
Herstellung: Anna Grosser
Coverentwurf: Kochan & Partner, München
Titelbild: www.sxc.hu
Gedruckt auf säure- und chlorfreiem Papier
Gesamtherstellung: Grafik + Druck GmbH, München

ISBN 978-3-486-58897-2

Inhaltsverzeichnis

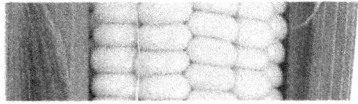

1   Biotechnologie

Die Biotechnologie findet unter Investoren immer mehr Beachtung. Zuletzt hatte dieses Segment seinen Boom während der Jahrtausendwende, als etliche Biotechnologieaktien Höchstkurse erzielten und als Favoriten bei vielen Anlegern galten. Nach der Krise der damals hoch gepriesenen New Economy wurde es um die Branche still, und einige neu gegründete Firmen verschwanden wieder von den Kurstafeln. In den Jahren nach der Krise stießen weder die Pharma- noch die Biotechnologiebranche auf ausgeprägtes Interesse. Doch mit der einsetzenden Wirtschaftskrise, die am Immobilienmarkt ihren Anfang nahm, zeigte sich, dass Pharma- und Biotechnologiewerte sich stärker behaupten können als anfangs vermutet.

Zwar ist es richtig, dass die Biotechnologie-Branche deutlicher als andere Wirtschaftszweige zu erheblicher Volatilität neigt, aber insgesamt betrachtet stehen den Risiken beträchtliche Chancen gegenüber. Schon die Zulassung eines Medikaments kann den Aktienkurs eines Biotechnologiewerts sprunghaft in die Höhe treiben und zu einer Vervielfachung des Wertes innerhalb kürzester Zeit führen. Gewiefte Anleger und Investoren, die sich mit der Materie auskennen, profitieren von diesem beachtlichen Potenzial.

Je intensiver ein Anleger die Szene und die Entwicklung neuer biotechnologischer Produkte beobachtet, desto größer ist auch die Chance, bei einem Biotechnologieunternehmen bereits vor einem fulminanten Kursgewinn einzusteigen.

Häufig lässt sich bereits in der klinischen Phase eines Medikaments absehen, ob eine Zulassung wahrscheinlich ist. Anleger, die gezielt auf aussichtsreiche Präparate gegen wichtige Krankheiten setzen, haben die Möglichkeit, weit überdurchschnittliche Gewinne zu verbuchen.

Aber auch in der Öffentlichkeit weniger beachtete Bereiche der Biotechnologie können sich als lukrative Investments erweisen. Hierzu gehört die weiße

Biotechnologie, die durch innovative Verpackungsmaterialien wie „Biokunststoffe" zu den innovativen Forschungsbereichen zählt.

Ebenso kann die analytische Biotechnologie punkten. Denn es werden immer mehr gentechnische Untersuchungen angefordert, und die Diagnose spielt bei der Entwicklung neuer Arzneimittel und Impfstoffe eine entscheidende Rolle.

Die Biotechnologiebranche bietet sowohl für konservative als auch für spekulative Investoren Chancen und Möglichkeiten, die überdurchschnittlich sind. Spekulativ orientierte Anleger werden vor allem die kleineren Biotechnologiewerte aus den USA in den Mittelpunkt des Interesses rücken. Bei diesen sind Chancen und Risiken gleichermaßen hoch.

Wenn ein neuartiges Medikament gegen Krebs, Multiple Sklerose, Alzheimer oder Herz-Kreislauf-Erkrankungen zugelassen wird, entwickeln diese Aktien eine erstaunliche Performance und können sich innerhalb von Wochen im Kurs vervielfachen. Entscheidend für den Anlageerfolg ist es, die Perspektiven eines Präparats angemessen beurteilen zu können.

Für konservativere Anleger empfehlen sich dagegen große und renommierte Biotechnologieunternehmen, deren finanzieller Erfolg nicht nur von einem Wirkstoff abhängt, sondern die über ein breites Spektrum von Medikamenten verfügen, die bereits eine Marktzulassung haben. Dies gilt insbesondere für Unternehmen mit so genannten Blockbustern – Arzneimitteln, die Milliardenumsätze weltweit generieren und als Standardtherapie in der Medizin gelten.

Auch Unternehmen, die zusätzlich ein Standbein im Bereich der analytischen Biotechnologie haben, erweisen sich als profitabel, da sie schon bald in der Gewinnzone operieren und Synergien gezielt nutzen. Dies ist besonders der Fall, wenn das Unternehmen an einer Schnittstelle angesiedelt ist und im Bereich zwischen Biotechnologie und Nanotechnologie aktiv ist oder andere interdisziplinäre Geschäftsfelder vorweisen kann. Als lukrativ erweist sich die Bioinformatik, die beim Sequenzieren und bei der Analyse des Erbguts zum Einsatz gelangt. Besonders an den Schnittstellen zwischen Biotechnologie und Informationstechnologie ergeben sich viele Innovationsmöglichkeiten. Unternehmen, die Datenbanken und Bibliotheken über Genstrukturen aufbauen, profitieren von Lizenzen und stetigen Einnahmen.

Klassische Biotechnologieunternehmen indes sind häufig großen Risiken ausgesetzt. Die Entwicklung eines Medikaments dauert bis zur Marktreife und zur offiziellen Zulassung in der Regel fast zehn Jahre. Die Kosten belaufen sich im Durchschnitt auf über 800 Millionen Dollar. Während dieser Zeit erwirtschaften herkömmliche Biotechnologieunternehmen keinerlei Gewinne, sondern fahren permanente Verluste ein. Die Gewinnschwelle wird erst erreicht, wenn der Wirkstoff als Medikament zugelassen wird, wofür die Hürden relativ hoch sind.

Es genügt nicht, dass ein neues Präparat gegen eine Krankheit wirksam ist; vielmehr muss der neue Wirkstoff die bisherige Standardtherapie in ihrer Wirksamkeit übertreffen. In den letzten Jahren sind immer weniger neue Medikamente auf den Markt gekommen, da die traditionelle Suche nach Wirkstoffen bereits seit Jahrzehnten praktiziert wird. Tausende von Antibiotika wurden allein Ende des 20. Jahrhunderts in Bodenproben aus aller Welt entdeckt und weiterentwickelt. Das herkömmliche Screening stößt an seine Grenzen.

Doch mit der Weiterentwicklung der Biotechnologie nimmt die Bedeutung des Molekulardesigns erheblich zu. Inzwischen werden Krankheiten bereits auf zellulärer Ebene erforscht, und man versucht, durch spezifische Moleküle in den Stoffwechsel einzugreifen und bestimmte Prozesse zu blockieren. Dank dieser Forschungsmethoden ist es beispielsweise gelungen, ein Medikament gegen Grippe zu entwickeln.

Auch die Krebsforschung steht in manchen Bereichen vor einem entscheidenden Durchbruch. Neuerungen wie DNA-Chips oder gentechnologische Impfstoffe werden zu einem beispiellosen Fortschritt beitragen. Die Biotechnologie wird von der Öffentlichkeit unterschätzt, da viele Entdeckungen bislang unbeachtet geblieben sind. Die Fortschritte, die in den letzten Jahren erzielt worden sind, sind beachtlich und werden das 21. Jahrhundert nachhaltig prägen. Anleger, die das beeindruckende Potenzial dieser Branche entdecken, werden von den Entwicklungen profitieren und weit überdurchschnittliche Gewinne erreichen.

Dieses Buch soll Ihnen helfen, die Möglichkeiten und Chancen der Biotechnologie besser und objektiver einzuschätzen. In einer Einführung erhalten Sie einen Einblick in die bisherige Entwicklung und Geschichte der Biotechnologie, die bereits vor Jahrtausenden begonnen hat, aber in den letzten Jahrzehnten einen großen Durchbruch und bahnbrechende Entdeckungen vorweisen kann. Sie wird die Gesellschaft in einem ähnlichen Ausmaß verändern wie die Informationstechnologie. Die Heilung unheilbarer Krankheiten steht ebenso auf der Agenda wie die Erzeugung neuer Werkstoffe oder die Züchtung transgener Pflanzen und Tiere.

Anleger, die rechtzeitig erkennen, welche Jahrhundertchance ihnen die Biotechnologie bietet, werden von den zukünftigen Kursentwicklungen ebenso profitieren wie jemand, der in den 1980er Jahren in Microsoft investiert hätte.

1.1   Geschichte der Biotechnologie

Die Biotechnologie ist viel älter, als man vermuten möchte, denn bereits vor über 8000 Jahren wurden biotechnologische Prozesse eingesetzt, um Lebensmittel herzustellen. In Mesopotamien beispielsweise wurde Bier bereits aus Weizen oder Gerste gebraut, wie alte Keilschrifttafeln belegen. Ihre spektakulärste Entwicklung vollzog sie allerdings in wenigen Jahrzehnten. Von der Entschlüsselung der DNA bis zur Entschlüsselung des gesamten menschlichen Erbguts lag nur ein halbes Jahrhundert.

Die Dynamik des Fortschritts in der Biotechnologie ist dem in der IT-Branche durchaus vergleichbar. Die Wurzeln der Biotechnologie sind aber wesentlich älter, denn schon vor Jahrtausenden haben sich die Menschen biotechnologische Verfahren zunutze gemacht. Hierzu zählt beispielsweise die Gärung.

1.2   Die Gärung

Die Gärung ist eines der ältesten Herstellungsverfahren, das nicht nur zur Herstellung von Bier, Wein und Essig diente, sondern auch zur Veredlung von Milchprodukten. Bis in das 19. Jahrhundert hinein war das Wasser an den meisten Orten mit Keimen kontaminiert, so dass es gefährlich war, Wasser zu trinken. Alkoholische Getränke waren weniger bedenklich, da der Alkohol viele Mikroben abtötete. Die Ägypter verwendeten Bier als Getränk bereits beim Bau der Pyramiden; und Kelten und Germanen hatten Met, ein Bier, das mit Honig vermischt wurde.

Ein anderer biotechnologischer Prozess, der bereits seit Jahrtausenden eingesetzt wird, ist das Brotbacken. Ursprünglich gab es nur Fladenbrote; erst die Ägypter entdeckten vor mehr als 6000 Jahren den Sauerteig, der ein lockeres, bekömmliches Brot hervorbringt. Dabei sorgt entstehendes Kohlendioxid durch die Gasbläschen für einen weichen Teig. Das Kohlendioxid wird bei der Vergärung von Zuckern, die im Mehl enthalten sind, frei.

Durch Zufall entdeckten die Menschen vor Jahrtausenden den Vorteil der Milchsäuregärung; wenn Milch über einen längeren Zeitraum stehen bleibt, vermehren sich Milchsäurebakterien, die den Milchzucker in Milchsäure umwandeln. In diesem sauren Milieu können für Menschen schädliche Mikroben kaum gedeihen, daher war Sauermilch weniger durch Bakterien belastet als frische Rohmilch. In vielen Kulturen entstand durch die Milchsäuregärung eine Reihe von Produkten wie Sauermilch, Quark, Joghurt, Kefir und andere.

Eine Weiterentwicklung ist der Käse, der aus Quark hergestellt wird. Die Menschen entdeckten sehr früh, dass Käse auch ohne Kühlung länger haltbar war. Das Enzym, das zur Gerinnung notwendig ist, gewannen die Menschen aus den Verdauungssäften der Kuh, die das so genannte Labenzym (Rennin) enthalten. Es bewirkt, dass das in der Milch enthaltene Casein gerinnt und zur Verflockung und Verklumpung der Milch führt. Die flüssige Molke wird durch Tücher abgetrennt, und der verbliebene Käse mit Salz verarbeitet.

Der Käse wieder kann durch ausgewählte und unbedenkliche Schimmelpilzkulturen veredelt werden, wie dies beim Camembert oder dem Roquefort geschieht. Beim Hartkäse reift der Schimmel im Innern des Käselaibs, wobei Löcher für die Durchlüftung sorgen. Bekannte Käsesorten wie der Limburger oder Romadur verdanken ihr Aussehen Bakterien, welche die Oberfläche verändern.

Solche Fermentationsverfahren wurden dann noch verfeinert. Die Herstellung von Butter erfolgt ebenfalls durch Milchsäurebakterien; und auch das Einlegen von Gemüse wie Gurken, Kohl oder Oliven beruht auf diesem Prinzip. Das als deutsche Spezialität international bekannte Sauerkraut wird aus Weißkohl hergestellt, der in einer Lake unter Ausschluss von Sauerstoff in Fässern vergärt. Ebenso finden Milchsäurebakterien bei der Herstellung von Salami und Cervelatwurst Einsatz; der Wurst wird Zucker beigefügt, den die Mikroben vergären.

Die Entstehung von Essig wurde bereits von den Sumerern entdeckt, die dazu Bier oder Dattelsirup verwendeten. Während die Milchsäuregärung unter Ausschluss von Sauerstoff vonstatten geht, handelt es sich bei der Essigsäurefermentation um eine Gärung, die bei Sauerstoffzufuhr abläuft. Bei den Griechen und Römern war Essig so beliebt, dass sie ihn in verdünnter Form tranken.

1.2.1   Fermentation von Kaffee, Tee und Tabak

Wie weit biotechnologische Verfahrensweisen seit vielen Jahrhunderten verbreitet sind, lässt sich ermessen, wenn man noch andere Beispiele zur Betrachtung heranzieht. So ist die Kaffeefermentation ein besonders wichtiges und wirtschaftlich bedeutendes Verfahren der Biotechnologie. Um die Kaffeebohnen verarbeiten zu können, muss das Fruchtfleisch entfernt werden. Dies geschieht mit Hilfe von Bakterien, die das Enzym Pectinase herstellen und so das aus Pektin bestehende Fruchtfleisch aufspalten. Bei Kakaobohnen verfährt man ähnlich, indem man Hefen einsetzt. Auch Vanille, die einer Orchideenart entstammt, wird erst durch Enzyme freigesetzt, so dass Vanillin entsteht.

Teeblätter werden mit Hilfe der Biotechnologie weiterverarbeitet. Die geernteten Teeblätter werden gewalzt und gerollt, um die Zellstruktur aufzubrechen. Der austretende Saft wird von Bakterien, Hefen und pflanzeneigenen Enzymen vergoren. Die ursprünglich grünen Blätter nehmen dadurch eine dunkelrote Farbe an. Nur der in Europa weitverbreitete Schwarztee ist fermentiert; der grüne Tee kommt ohne Fermentierung auf den Markt, und weißer Tee wird nur kurz fermentiert. Bei der Herstellung von qualitativ hochwertigem Tee ist es von entscheidender Bedeutung, zu welchem Zeitpunkt der Fermentationsprozess gestoppt wurde. Werden die Blätter zu lange durch den Sauerstoff oxidiert, schmeckt der Tee bitter.

Eine weitere Kulturpflanze, die sich die Gärung zunutze macht, ist der Tabak, bei dem die Fermentation drei bis vier Monate dauert. Die als Büschel gebundenen Tabakblätter müssen dabei mehrmals gewendet werden, da sie eine hohe Eigentemperatur von über 50 Grad Celsius entwickeln.

1.2.2 Veredlung von Lebensmitteln

Die Gärung ist in der Kulturgeschichte eine der wichtigsten und folgenreichsten Entdeckungen der Menschheit und belegt den herausragenden Stellenwert der Biotechnologie in der Entwicklung. Ohne die Veredlung von Lebensmitteln wäre es wesentlich schlechter um die Ernährung der Menschen bestellt gewesen, denn zahlreiche Bakterien und Pilze machen Lebensmittel schnell ungenießbar. Ohne die Möglichkeit zu kühlen, mussten die Menschen über viele Jahrhunderte ihr Essen durch Gärung haltbar machen. Nur das Pökeln mit Salz stellte eine Alternative dar; und so ist es nicht verwunderlich, dass im Mittelalter Salz als „weißes Gold" angesehen wurde. Ebenso kostbar und begehrt waren die Gewürze, die den Fäulnisgeruch des Fleisches überlagern sollten. In einigen Epochen vermieden es die Menschen instinktiv, Flusswasser zu trinken, obwohl man die Wirkungsweise von bakteriellen Infektionen noch nicht kannte. Man trank stattdessen Tee, Kaffee oder alkoholische Getränke wie Wein.

Auch in Asien war die Fermentation ein gängiges Verfahren. In China, Japan und Korea wurde bereits seit vielen Jahrhunderten die Herstellung von Sake (Reiswein) und von Sojasauce mikrobiologisch durchgeführt. Bei Sake wird zuerst die in den Reiskörnern enthaltene Stärke zu Zucker verarbeitet und anschließend vergoren.

1.3 Die Entdeckung der Mikroorganismen

Der Prozess der Gärung, der eigentlich den Beginn der Biotechnologie einläutet, blieb über viele Jahrhunderte im Dunkeln. Erst im 17. Jahrhundert fand der Niederländer Antonie van Leeuwenhoek (1632–1723) erste Hinweise auf die Ursachen der Gärung. Van Leeuwenhoek war eigentlich von Beruf Händler und befasste sich in seiner Freizeit mit dem Schleifen von Linsen, das er von einem Brillenmacher erlernt hatte. Dank seiner emsigen Bemühungen gelang es ihm, immer bessere Linsen zu schleifen, die eine fast 200-fache Vergrößerung gestatteten und einen ersten Blick in den Mikrokosmos zuließen. Zuerst untersuchte van Leeuwenhoek Haare, und danach begann er, Wassertropfen unter dem Mikroskop zu betrachten. Er staunte, als er eine Vielzahl von überaus regen Kleinstlebewesen entdeckte. Van

Leeuwenhoek war fasziniert und schrieb sofort einen Brief an die damals sehr renommierte Royal Society in London. Die Gelehrten waren verblüfft und zeigten sich sehr interessiert, als sie die Mikroorganismen selbst durch das Mikroskop sehen konnten. Leeuwenhoek, der als Kaufmann nie ein Studium absolviert hatte, wurde ohne Gegenstimme in die Königliche Akademie aufgenommen.

Die Entdeckung verbreitete sich in ganz Europa, und etliche Könige und Wissenschaftler statteten Leeuwenhoek einen Besuch ab, um selbst die „elenden Biestchen", wie sie der Niederländer nannte, zu sehen. Der englische Wissenschaftler Robert Hooke (1635–1703), der auch der Royal Society angehörte, baute nach Leeuwenhoeks Konstruktionsplänen ein noch stärkeres Mikroskop, das aus mehreren Glaslinsen bestand. Er untersuchte Korkschnitte und entdeckte dabei die Zellstruktur von Organismen.

1.3.1   Die Entstehung der Bakteriologie im 19. Jahrhundert

Obwohl die Entdeckungen der Mikroorganismen und der Zellen im 17. Jahrhundert für Aufsehen sorgten, wurden sie bald wieder vergessen. Man ahnte damals noch nicht, dass jene Kleinstlebewesen eine entscheidende Rolle bei der Entstehung von Krankheiten spielen und dass Zellen genetische Informationen enthalten könnten.

Erst in der Mitte des 19. Jahrhunderts nahm man die Forschung wieder auf. Der Beweggrund war weniger, die Entstehung von Infektionskrankheiten zu erklären, als vielmehr, industrielle Produktionsverfahren zu verbessern. Einige Lebensmittel sowie Wein und Alkohol wurden bereits in großen Mengen gefertigt und um die Ausbeute zu erhöhen, war es notwendig, den Prozess der Gärung zu verstehen.

Ausgangspunkt der Forschung war die Anfrage eines französischen Industriellen im Jahre 1856, der bei der Vergärung von Zuckerrüben Probleme hatte. Da sein Sohn bei Louis Pasteur (1822–1895) Chemie studierte, bat er ihn um Hilfe. Louis Pasteur untersuchte verschiedene Proben und stellte unter dem Mikroskop fest, dass bei einigen Proben keine Hefe, sondern stäbchenförmige Kleinstlebewesen vorhanden waren – nämlich Milchsäurebakterien. Aufgrund ihrer Stäbchenform wurden die Mikroorganismen „Bakterien" (von griech. „bakterion" „Stäbchen") genannt. Auch französische

Weinbauern wandten sich an Pasteur, da häufig aus guten Weintrauben ein schlechter, öliger Wein entstand. In der Flüssigkeit entdeckte Pasteur andere, kugelförmige Bakterien. Sehr schnell fand der Wissenschaftler heraus, dass es genügte, den Wein kurz zu erhitzen, um die schädlichen Mikroorganismen zu töten. Diese Entdeckung wurde auch dazu verwendet, um Milch haltbar zu machen. Zu Ehren von Pasteur wird diese Konservierungsmethode „Pasteurisierung" genannt, bei der Milch auf 70 Grad Celsius erhitzt wird. Die heute in Supermärkten erhältliche H-Milch wird mit Hilfe von Wasserdampf kurzfristig mit einer Temperatur von 120 Grad Celsius behandelt.

Pasteurs Ideen und Einsichten, die als genial gelten und ihn zum Begründer der industriellen Biotechnologie machten, waren zu seinen Lebzeiten heftig umstritten und trugen ihm den Spott der zeitgenössischen Wissenschaftler ein. Insbesondere der renommierte Chemiker Justus von Liebig, der als Erfinder des Mineraldüngers höchstes Ansehen genoss, hielt die Behauptung, dass Kleinstlebewesen für die Gärung verantwortlich seien, für Unfug und sah in der Fermentation einen rein chemischen Prozess.

Pasteur erkannte sehr schnell, dass die Gärung ein Notbehelf von Organismen ist, um unter Sauerstoffabschluss noch Energie zu erzeugen. Bei Sauerstoffmangel verlangsamt sich der Stoffwechsel beträchtlich, so dass der Organismus wesentlich mehr Glucose verbrennen muss, um die notwendige Energie zu erhalten. Am Anfang der Evolution war die Gärung die übliche Form des Stoffwechsels, da es auf der Erde nicht genügend Sauerstoff gab. Hefen nennt man in der Biologie fakultative Aerobier, da sie sowohl in der normalen Atmosphäre als auch unter Sauerstoffabschluss ihren Stoffwechsel aufrecht erhalten können.

Die Erkenntnisse von Louis Pasteur wurden von seinem Schüler Moritz Traube (1826–1894) weitergeführt, der bereits feststellte, dass Fermentation ein komplexes Zusammenspiel von biologischen und chemischen Prozessen ist, bei denen Oxidation und Reduktion durch Katalysatoren wie Enzyme ausgelöst werden.

2   Die Bedeutung der Enzyme

Enzyme gehörten mit zu den ersten biotechnologischen Produkten, die im industriellen Maßstab hergestellt wurden und den Alltag revolutionierten. Noch heute sind Enzyme in vielen Bereichen von herausragender Bedeutung, denn als Biokatalysatoren können sie chemische Prozesse erheblich beschleunigen, ohne sich selbst zu verändern oder aufgebraucht zu werden. Chemische Vorgänge laufen unter Enzymeinwirkung um ein Milliarden- oder Billionenfaches schneller ab. In der klassischen Chemie kann man Reaktionen durch Energiezufuhr (Hitze) beschleunigen; aber innerhalb eines Organismus würde große Wärme zur Zerstörung der Eiweiße und zum Tod führen. Deshalb laufen die meisten Oxidationen in der Natur katalytisch ab. Bislang kennt man mehr als 3000 Enzyme; es wird jedoch geschätzt, dass es weit über 10.000 verschiedene Enzyme gibt, die natürlich vorkommen.

In allen Körperzellen können Stoffwechselprozesse nur mit Hilfe von Enzymen ablaufen. Enzyme erkennen automatisch, welche Substanz (welches Substrat) sie umwandeln müssen. Fast alle in Lebewesen vorkommenden Enzyme sind mehr oder minder komplex aufgebaute Proteine, die nach dem Schlüssel-Schloss-Prinzip funktionieren; dieses Prinzip wurde von dem Nobelpreisträger Emil Fischer (1852–1919) entdeckt. Für medizinische Anwendungen spielt dieses Prinzip eine wichtige Rolle; denn durch ähnlich aufgebaute Substanzen – so genannte Enzym-Hemmstoffe oder Inhibitoren – ist es möglich, das „Schloss" gleichsam durch einen falschen Schlüssel zu blockieren. Auf diese Weise funktioniert beispielsweise das Antibiotikum Penicillin.

Enzyme haben eine unterschiedliche Spezifität; manche funktionieren wie alte Schlüssel mit einem Bart, so dass die Schlösser leicht durch einen Dietrich (beispielsweise ein Medikament) geöffnet werden können; andere hingegen sind so spezifisch, dass sie – um die Metapher fortzusetzen – einem Sicherheitsschlüssel gleichen. Enzyme werden nach ihrer Wirkungsspezifität klassifiziert. Bekannte Enzyme sind z.B. Proteasen, die Proteine aufspalten, oder Amylasen, die im Verdauungsprozess für Stärke zuständig sind.

Alle Enzyme tragen die Endung „-ase", um sie zu kennzeichnen. In vielen
Fällen wird die Substanz, auf die das Enzym reagiert, an den Anfang gestellt.
So heißt ein Enzym, das beispielsweise Traubenzucker (Glucose) verändert,
Glucose-Oxidase. Alle bekannten Enzyme lassen sich in sechs Hauptklassen
unterteilen und werden nach einer internationalen Klassifikation mit einer
Codenummer versehen, die die *International Union of Biochemistry* vergeben
hat.

2.1   Die Geschichte der Enzyme

Alexander Fleming ist berühmt für seine Entdeckung des Penicillins; doch
bevor er als Vater des ersten Antibiotikums in die Geschichte der Medizin
einging, befasste er sich mit einem anderen Medikament, das als erstes zur
Behandlung von Infektionskrankheiten eingesetzt wurde. Lysozym war das
erste Enzym, dessen chemische Struktur vollständig entschlüsselt werden
konnte. Die Bedeutung von Enzymen war bereits seit Jahrhunderten bekannt, doch erst zu Beginn des 20. Jahrhunderts hielten sie auch Einzug in
die Medizin.

Bereits Homer erwähnte in seinem Epos, dass Milch durch Zugabe von Fei-
gensaft gerinnt. Intuitiv erkannten die Menschen, dass man Wild erst ab-
hängen musste, damit es seine Zähigkeit verlor. Im 19. Jahrhundert fand
man durch genaue Beobachtung heraus, dass Stärke in Zucker verwandelt
wurde, und erstmals gelang es auch Theodor Schwann (1810–1882) Pepsin,
ein Enzym des Magensaftes, in größeren Mengen herzustellen. Bis dahin galt
es als unmöglich, organische Stoffe herzustellen, da man diese als Teil der
Schöpfung betrachtete. Erst mit Friedrich Wöhlers (1800–1882) Synthese von
Harnstoff wurde diese Ansicht aufgegeben. Eduard Buchner (1860–1917)
bewies schließlich durch ein 1897 durchgeführtes Experiment, dass Enzyme
nicht nur in lebenden Organismen zur Wirkung gelangen, sondern dass sie
chemisch isoliert werden können und auch im Reagenzglas ihre Wirkung
entfalten. James B. Sumner (1887–1955) experimentierte mit extrahierten
Enzymen und konnte zeigen, dass sie sich sogar in eine kristalline Form
umwandeln lassen und die Eigenschaften eines Proteins haben, wie er an
dem aus der Bohne gewonnenen Enzym Urease belegen konnte. Zusammen

mit seinem Kollegen John H. Northrop (1891–1975), der etliche Verdauungsenzyme nachweisen konnte, erhielt er 1946 den Nobelpreis.
Die eigentliche Wirkungsweise von Enzymen wurde erst in den 1950er Jahren entdeckt. Das Schlüssel-Schloss-Modell erwies sich als zu ungenau, um
den Prozess der Katalyse zu beschreiben. Daniel Koshland konnte 1958 auf-
zeigen, dass das Zusammenwirken von Enzym und Substrat mehr einem
Handschuh gleicht, in den eine Hand schlüpft. Er nannte diesen Ansatz die
Theorie der induzierten Passform. Die Enzyme halten das Substrat wie in
einer Höhle fest und wandeln es um. Dadurch, dass die Substanzen auf so
engem Raum zusammen sind, wird die Aktivierungsenergie deutlich herab-
gesetzt, so dass chemische Reaktionen viel schneller ablaufen als unter ge-
wöhnlichen Umständen.

Manche Enzyme benötigen für ihre Arbeit zusätzlich chemische Substanzen,
die man Kofaktoren nennt. Kofaktoren können entweder Ionen der Metalle
Eisen, Magnesium, Mangan oder Zink sein oder andere spezielle Enzyme,
die als Koenzyme bezeichnet werden. Einige Enzyme funktionieren nur
zusammen mit Ionen und Koenzymen. Koenzyme entstehen häufig aus den
Vorstufen von Vitaminen; dies erklärt, weshalb Vitamine für die Organismen von so großer Bedeutung sind. Einige Kofaktoren sind auch fest mit
dem Enzym verbunden; deshalb heißen sie prosthetische Gruppen.

2.2 Die Herstellung von Enzymen

Schon früh erkannte die Industrie die Bedeutung der Enzyme und deren
Wirksamkeit. Im 19. Jahrhundert begann man deshalb mit der Produktion in
großen Mengen. Dafür wurden Schlachttiere verwendet, da die chemische
Synthese oder die biotechnologische Herstellung noch nicht möglich war.
Verdauungsenzyme wie Pepsin wurden aus der Magenschleimhaut von
Rindern und Schweinen gewonnen. Das für die Käseherstellung unentbehr-
liche Labenzym stammte aus Kälbermägen. Lange Zeit wurde auch Insulin
aus der Bauchspeicheldrüse von Schweinen herausgefiltert. Enzyme kommen auch in Pflanzen vor; so wird Malz, das Amylase, ein Stärke abbauen-
des Enzym, enthält, für das Bierbrauen eingesetzt. Aus Ananas wird ein

Verdauungsenzym gewonnen, und aus dem Melonenbaum gewinnt man ein Enzym, das zum Reinigen von Kontaktlinsen dient.

Die Herstellung von Enzymen aus Fleisch ist weniger aufwändig und kostenintensiv als aus Pflanzen, da man große Mengen benötigt. Schon früh wurden Überlegungen angestellt, Enzyme aus Mikroorganismen zu gewinnen. Der Japaner Jokichi Takamine (1854–1922) gilt als Pionier auf diesem Gebiet, denn er begann bereits 1894 mit der Produktion von Enzymen mit Hilfe von Mikroorganismen. Er wanderte in die USA aus und gründete in dem Ort Peoria die erste Fabrik. Dieser Ort sollte später bei der Produktion von Penizillin während des Zweiten Weltkrieges eine herausragende Rolle spielen.

Takamine setzte Oberflächenkulturen (Emerskulturen) ein, um die Mikroorganismen auf einer Schicht anzusiedeln, auf der Nährstoffe aufgebracht wurden. Die Schimmelpilze wuchsen auf mit einer Nährlösung durchtränkten Strohballen. Danach wurde das Stroh in einer Salzlösung gespült, und die Enzyme wurden extrahiert. Erst in den 1950er Jahren kam das Submers-Verfahren auf, bei dem die Schimmelpilze in einer Flüssigkeit wachsen.

Mikroorganismen können wesentlich schneller, effizienter und kostengünstiger Enzyme liefern, deshalb setzte sich das Verfahren sehr schnell in großem Maßstab durch. Heutzutage ist es auch möglich, Mikroorganismen gentechnisch zu ändern, um eine noch höhere Ausbeute zu erzielen. Insbesondere die Erforschung von Enzymen, die besonders hitze- oder kältebeständig sind, hat an Bedeutung gewonnen. Zu diesen Zwecken wurden beispielsweise Bakterien untersucht, deren natürlicher Lebensraum heiße Quellen und Geysire sind, oder Mikroorganismen, die auch im kalten Klima oder in Salzwasser überdauern. Hitzebeständige Enzyme sind beispielsweise in Waschmitteln von großer Bedeutung.

Am leichtesten können extrazelluläre Enzyme gewonnen werden, denn diese werden von der Zelle abgesondert. Die meisten extrazellulären Enzyme zerlegen größere Moleküle in kleinere und spielen daher bei der Verdauung eine maßgebliche Rolle. Hierzu gehören beispielsweise Proteasen, die große Eiweißmoleküle in Aminosäuren zerlegen, oder Amylasen, die für die Aufspaltung von Stärke verantwortlich sind. Wesentlich schwieriger ist die Extraktion und Gewinnung von intrazellulären Enzymen; diese sind in der Zelle eingeschlossen. Nachdem man die Zelle aufgebrochen hat, muss ein bestimmtes Enzym von tausenden von anderen abgetrennt werden, was deutlich macht, wie schwierig diese Prozedur ist. In der Chemie setzt man dafür entweder die Elektrophorese ein, dabei wandern die Moleküle in einem elektrischen Feld, oder die Chromatographie, bei der das Molekül sich an einen Träger bindet.

2.3 Enzyme als industrielles Produkt

Eine der ersten Anwendungen von Enzymen erfolgte in Waschmitteln. Bereits 1914 kam das erste Waschmittel auf Enzymbasis mit dem Markennamen „Burnus" auf den Markt; es diente zum Einweichen von Wäsche und enthielt Proteasen aus der Bauchspeicheldrüse von Schlachtvieh. Die Enzyme konnte Eiweiße in Aminosäuren zerlegen, die sich leichter auswaschen lassen. Eiweißflecken auf Kleidung durch verkleckertes Essen konnte man zuvor kaum entfernen. Bei hohen Temperaturen gerinnt das Eiweiß und haftet wie ein fester Kleber an den Textilien. Die Idee, Enzyme einzusetzen, stammte von dem berühmten Chemiker Otto Röhm, der auch den ersten Kunststoff, das Bakelit, erfunden hatte.

Die aus der Bauchspeicheldrüse gewonnenen Enzyme setzten sich aber kaum durch, da sie nicht besonders beständig und relativ teuer waren. Abhilfe kam erst in den 1960er Jahren, als es gelang, Enzyme aus Bakterien zu extrahieren, die auch in einer alkalischen Lauge länger wirksam waren. Waschmittel, die Enzyme enthalten, werden als Biowaschmittel bezeichnet und sind heutzutage weitverbreitet. So genannte alkalische Proteasen können verschiedene Eiweiße sehr schnell zerlegen und dadurch vom Gewebe lösen. Bei der Produktion traten in den 1960er Jahren schwere Allergien auf, da der feine Enzymstaub auch die Haut der Beschäftigten angriff. Dieses Problem löste man dadurch, dass die Enzyme in Granulat gehüllt wurden, das die Oberfläche mit einer dünnen Wachsschicht überzieht. In Japan sind Waschmaschinen mit Programmen zu 30, 40, 60 oder 95 Grad Celsius nicht üblich, da die Waschmittel so viele Enzyme enthalten, dass die Wäsche nicht gekocht werden muss.

Der Siegeszug der Enzyme bei den Waschmitteln war beispiellos; denn die Waschwirkung wurde dadurch enorm gesteigert. Inzwischen arbeiten diese

Enzyme sogar bei Temperaturen von 50 bis 60 Grad Celsius. Enzyme, die in modernen Waschmitteln verwendet werden, sind gegen die anderen Inhaltsstoffe, wie Wasserenthärter, Tenside und Bleichmittel, unempfindlich. Dies wurde durch eine systematische Veränderung der Enzymstruktur erreicht. Dieses Verfahren nennt man Protein-Engineering.

Statistisch gesehen ist das bedeutendste, heute noch hergestellte Enzym Malz, das für das Brauen von Bier verwendet wird und das verschiedene Stärke abbauende Enzyme enthält. In Deutschland hält man aufgrund des jahrhundertealten Reinheitsgebots an der Malzproduktion fest. In anderen Ländern werden aus Kostengründen Enzyme aus Bakterien oder Pilzen für das Brauen von Bier eingesetzt.

Ein weiterer wichtiger Bereich ist die Herstellung von Traubenzucker, der aus Mais oder Kartoffeln produziert wird. Um die darin enthaltene Stärke aufzuspalten, benötigt man in großen Mengen Amylasen. Moderne, bakteriell erzeugte Enzyme sind hitzebeständig, so dass die Reaktion bei 95 Grad Celsius ablaufen kann und so weniger Zeit benötigt.

Ein wichtiges Anwendungsgebiet sind auch die Pektinasen. Obst und Gemüse enthalten bestimmte große Moleküle, die gleichsam als Stützgerüst dienen und als Pektin bezeichnet werden. Bei der Saftherstellung ist die Ausbeute dadurch geringer. Mit Hilfe des Enzyms Pektinase kann dieses Gerüst aufgelöst und so mehr Flüssigkeit ausgepresst werden, was man sich bei der Herstellung von Marmelade und Konfitüre zunutze macht. Bei manchen Pflanzen müssen zusätzlich die stabilen Zellwände aufgelöst werden, was durch Zellulase erreicht wird.

Ein Durchbruch in der Ledergerbung wurde durch Proteasen erzielt, die Eiweiße zerkleinern können. Zuvor wurde Leder durch Hundekot gebeizt, auf dem sich besonders gut Bakterien vermehren, die Proteasen abgeben.

In Mexiko wurde jahrhundertelang Fleisch mit Papayafrüchten eingerieben, um es zarter und bekömmlicher zu machen. Das in der Papaya enthaltene Enzym Papain ist eine solche Protease. In den USA werden heute systematisch solche „Tenderizer" (Zartmacher) für die Fleischzubereitung eingesetzt. Es kommen die Enzyme der Papaya, des Feigenbaums und der Ananas zum Einsatz. Dadurch wird die Reifung des Fleisches erheblich beschleunigt; in früheren Zeiten wurde das Fleisch abgehängt, um es besser genießbar zu machen.

2.4   Eine neue Innovation: Die Immobilisierung

Wenn Enzyme leicht hergestellt werden können, spielt der Preis nur noch eine untergeordnete Rolle. Vor allem Enzyme, die von der Zelle nach außen abgegeben werden, sind meist leicht zu gewinnen. Dazu zählen Amylasen (Stärke spaltende Enzyme), Proteasen (Eiweiß spaltende Enzyme) und Lipasen (Fett spaltende Enzyme).

Bei Enzymen, die innerhalb der Zelle verbleiben oder die einen Kofaktor zur Aktivierung benötigen, ist der Preis wesentlich höher und die Produktion aufwändiger. Bei billigen Enzymen spielt es keine Rolle, ob die Enzyme nach dem Ende der Produktion entsorgt oder weiterverwendet werden. Bei teuren Enzymen ist die Wiederverwendung von entscheidender Bedeutung. Da Enzyme als Biokatalysatoren in der chemischen Reaktion nicht verbraucht werden, sind sie sozusagen immer verfügbar. Darüber hinaus müssen bei Lebensmitteln oder Medikamenten die Enzyme entfernt werden, um allergische Reaktionen bei der Einnahme zu verhindern.

Eine Lösung für dieses Problem ist die Befestigung der Enzyme an einem Träger; diese Fixierung nennt man Immobilisierung. Hierzu dienen spezifische Trägerstoffe, die die natürliche Umgebung des Enzyms nachahmen: Membranen oder Gele, in die die Enzyme eingeschlossen werden. Immobilisierte Enzyme haben in der Biotechnologie des 21. Jahrhunderts eine herausragende Bedeutung und vielfältige Anwendungsmöglichkeiten. Durch die Trägerfixierung wird es erst möglich, solche komplexen Enzyme einzusetzen, die Kofaktoren für ihre Wirkung benötigen. Darüber hinaus können trägerfixierte Enzyme als Biosensoren eingesetzt werden, die frühzeitig Alarm schlagen, wenn gefährliche Mikroorganismen oder Giftgase in der Luft auftauchen. Früher verwendete man in Bergwerken Käfige mit Kanarienvögeln, um Gefahren rechtzeitig zu erkennen. Wenn das tödliche Kohlenmonoxid im Stollen zu stark anstieg, fielen die Vögel tot von der Stange und die Bergleute mussten schnellstens das Bergwerk verlassen.

Enzyme können auf verschiedene Weise an einem Trägermaterial befestigt werden. So können Enzyme durch Absorption oder eine chemische Bindung fixiert werden. Ein andere Möglichkeit ist die Vernetzung der Enzymmoleküle, so dass großflächige Strukturen entstehen. Man kann sie auch in Mikrokapseln versiegeln oder in Hohlfasern oder Gelen einschließen. Hefezellen können beispielsweise in Kunststoff eingebunden werden und sind so immer wieder einsetzbar.

2.5   Der Siegeszug des Fruchtzuckers

Immobilisierte Enzyme werden auch bei herkömmlichen Produktionsprozessen eingesetzt. Ein bedeutsames Beispiel dafür ist die Herstellung von Zuckern. Da der weltweite Verbrauch von Süßspeisen sprunghaft steigt, wird die Stärke als Ausgangsstoff immer wichtiger, da Zuckerrüben und Zuckerrohr hohe Anforderungen an den Boden, das Klima und die Landwirtschaft stellen. Wesentlich einfacher ist es, Stärke, wie sie in Kartoffeln, Getreide oder Maniok enthalten ist, in einfachere Zucker umzuwandeln. Beim Abbau der Stärke durch Enzyme entsteht Traubenzucker (Glucose). Glucose hat jedoch den Nachteil, dass ihre Süßkraft gegenüber dem Rüben oder Rohrzucker (Saccharose) wesentlich geringer ist; Speisen, die mit Traubenzucker gesüßt sind, werden von den Konsumenten als weniger geschmackvoll empfunden. Um dieses Problem zu lösen, wird der Traubenzucker durch Enzyme in Fruchtzucker (Fructose) umgewandelt, der über eine stärkere Süßkraft verfügt. Fructose hat gegenüber dem Rüben- oder Rohrzucker auch den maßgeblichen Vorteil, dass sie schneller vom Körper aufgenommen wird und deshalb besonders in Energydrinks zum Einsatz kommt. Fructosesirup ist heute weitverbreitet und findet sich in Erfrischungsgetränken ebenso wie in Schokolade oder Speiseeis. Auch Lebensmitteln, die künstliche Süßstoffe enthalten, wird Fructose zugesetzt, um den metallischen Beigeschmack von künstlichen Süßstoffen abzumildern. Es hat sich auch gezeigt, dass Diabetiker Fruchtzucker leichter verwerten können.

Die Umwandlung von Traubenzucker in Fruchtzucker erfolgt mit Hilfe eines Enzyms, das als Glucose-Isomerase bezeichnet wird. Diese Enzym ist relativ teuer; durch die Immobilisierung kann es vollständig wieder verwendet werden, und es muss nicht aus dem Endprodukt filtriert werden. Das Enzym wurde bereits 1957 entdeckt. Die erste industrielle Produktion von Fruchtzucker mit Hilfe dieses Verfahrens begann 1967 durch die *Clinton Corn Processing Company*. Damals wurde noch keine Trägerfixierung eingesetzt. Die Ausbeute an Fruchtzucker war gering. Erst 1972 gelang es mit Hilfe von immobilisierten Enzymen, die Produktion erheblich zu steigern. Als 1974 die Zuckerpreise auf den Weltmärkten Rekordmarken erreichten, wurde fieberhaft nach einer weiteren Verbesserung des Produktionsprozesses gesucht. Bei dem älteren Verfahren musste Kobalt zugesetzt und anschließend wieder entfernt werden. Einem dänischen Unternehmen gelang es kurz darauf, den Produktionsprozess so zu optimieren, dass auf die Zugabe von Kobalt verzichtet werden konnte. Obwohl die Zuckerpreise weltweit in der zweiten Hälfte der 1970er Jahre fielen, gelang es der Industrie, den Preis für industriell hergestellten Fruchtzucker noch weiter abzusenken. 1978 konnte eine Ausbeute von mehr als 55 Prozent aus Stärke erreicht werden. Seitdem werden viele Erfrischungsgetränke mit Fruchtzucker gesüßt.

2.6   Neues Penicillin

Ein weiteres Anwendungsgebiet von immobilisierten Enzymen ist die Herstellung von neuen Penicillinabkömmlingen. Penicillin war das erste Antibiotikum, das entdeckt wurde. Noch in den 1950er und 1960er Jahren glaubten viele Mediziner, dass damit der Kampf gegen die bakteriellen Infektionskrankheiten gewonnen sei. Doch schon bald bildeten die Erreger Resistenzen aus, und Penizillin wurde bei vielen Bakterien wirkungslos. Erst durch ein Enzym, die Pencillinacylase, konnte das Molekül zerlegt, verändert und neu aufgebaut werden. Das abgewandelte Penicillin wirkte wieder auch gegen Erreger, die gegen das alte Antibiotikum widerstandsfähig geworden waren.

2.7   Lebenswichtige Aminosäuren

Trägerfixierte Enzyme haben auch dazu beigetragen, die Ernährung der Menschen erheblich zu verbessern. Einige Aminosäuren, die für den Körper lebenswichtig sind und deshalb als essenziell bezeichnet werden, müssen durch die Nahrung aufgenommen werden. Nur Wiederkäuer wie Kühe sind in der Lage, selbst solche Aminosäuren aufzubauen.

Um das Nahrungsangebot zu verbessern, ist es sinnvoll, Lebensmittel mit essen-
ziellen Aminosäuren anzureichern. Früher wurden solche Aminosäuren chemisch
hergestellt; dieses Verfahren hat aber einen entscheidenden Nachteil. Es gibt links-
und rechtsdrehende Aminosäuren; nur die linksdrehende Form ist für den Körper
verwertbar; rechtsdrehende Moleküle kommen in der Natur nicht vor. Bei der chemischen Herstellung bildet sich aber ein nicht trennbares Gemisch (Razemat) aus
links- und rechtsdrehenden Formen.

In Japan entwickelte der Biochemiker Ichiro Chibata ein Verfahren, das es
ermöglicht, mit Hilfe von Enzymen die linksdrehenden Aminosäuren herauszufiltern. Anfangs wurde das Enzym im Produktionsprozess beigefügt.
Für medizinische Zwecke waren die Aminosäuren jedoch nicht einsetzbar,
da sie mit den Enzymen verunreinigt waren und allergische Reaktionen
auslösen konnten. Infusionslösungen mussten deshalb mit einem extrem
hohen Aufwand gereinigt werden. Schließlich konnte man das Enzym an
einen Träger fixieren. Seit 1969 werden auf diese Weise mehrere Aminosäuren kostengünstig produziert.

Auch bei anderen Produkten gelang es, immobilisierte Enzyme einzusetzen.
Menschen und Tiere, die eine Unverträglichkeit gegenüber Milchzucker (Lac-
tose-Intoleranz) haben, können lactosefreie Milch bekommen. Dabei wird der
Milchzucker durch das Enzym Lactase in zwei andere Zucker aufgespalten.

2.8   Umweltschutz durch Enzyme

Immobilisierte Enzyme kommen auch bei der Herstellung von Phytase zum
Einsatz. Phytase ist ein spezielles Enzym, das es ermöglicht, Phosphorver-
bindungen für Lebewesen verfügbar zu machen. Phosphor spielt im Stoffwechsel eine gewisse Rolle, da beispielsweise die Knochen und die DNA
den Baustein Phosphor enthalten.

Bei Kühen sorgen Bakterien im Magen der Wiederkäuer für die Verwertung, indem
sie Phytase abgeben. In der Landwirtschaft besteht das Problem, dass Phosphor
von Nichtwiederkäuern einfach wieder ausgeschieden wird. Die Bodenbelastung
ist insbesondere bei großen Schweinefarmen beträchtlich, zumal die Phosphate in
das Grundwasser und die Flüsse gelangen. Dort führen sie zu einer Überdüngung
und lösen ein ungehemmtes Algenwachstum aus. Einige Algenarten sondern
äußerst gefährliche Giftstoffe ab, die zu einem Umkippen von Gewässern führen
können. Einige Forscher vermuten, dass eine der in der Bibel erwähnten sieben

Plagen Ägyptens durch die Vergiftung des Nils durch die rote Algenpest
ausgelöst wurde.

Um die Phosphatausscheidung in der Tierhaltung drastisch zu verringern,
wird in manchen Ländern dem Tierfutter das Enzym Phytase beigefügt. In
den Niederlanden, Dänemark und in einigen US-Bundesstaaten ist dies bereits gängige Praxis. Einer der größten Hersteller weltweit ist das dänische
Unternehmen *Novozymes*. Darüber hinaus wird im Rahmen der grünen Biotechnologie damit experimentiert, in Pflanzen wie Mais und Reis Phytasegene
einzubauen, um Phosphor für Tiere und Menschen verdaulich zu machen.

2.9   Fortschritte beim Einsatz

Ein weiterer Fortschritt beim Einsatz von immobilisierten Enzymen wurde
durch Verfahren erreicht, mit deren Hilfe Kofaktoren zurückgewonnen werden können. Einige spezialisierte Enzyme benötigen weitere Wirkstoffe, um
aktiviert zu werden. Diese Kofaktoren sind häufig selten und relativ teuer.
Um die Produktionskosten zu senken, ist es sinnvoll, sie wiederzuverwer-
ten. Dabei werden die Kofaktoren in Träger mit durchlässigen Membranen
eingeschlossen, die als Membranreaktoren bezeichnet werden. Die Kofaktoren werden anders als die eigentlichen Enzyme verbraucht und gehen eine
Verbindung ein. Diese Verbindung kann durch eine chemische Reaktion
wieder rückgängig gemacht werden, so dass die Kofaktoren wieder zur
Verfügung stehen. In einem solchen Reaktor können die Kofaktoren bis zu
einer Million Mal recycelt werden.

Eine weitere bahnbrechende Erfindung auf dem Gebiet der Enzyme sind die
immobilisierten Zellen. Bereits 1973 wurde in Osaka ein solches Verfahren
entwickelt. Das Unternehmen Tanabe Seiyaku setzte abgetötete Bakterienzel-
len auf einer Trägerschicht ein, um die Aminosäure Aspartat herzustellen,
die für Süßstoff verwendet wird. Die Ausbeute war dank der Fixierung wesentlich höher und kostengünstiger.

Immobilisierte Zellen sind vor allem bei Produktionsprozessen wichtig, die
aus komplexen Mehrfachstufen bestehen. Die chemische Synthese ist in diesen Fällen entweder zu aufwändig und teuer oder gar unmöglich. Immobilisierte Zellen werden vor allem für die Produktion von Alkohol (Ethanol)

benötigt. Dabei werden Hefezellen unter Luftabschluss auf einer gelartigen Trägerschicht fixiert, die aus Meeresalgen gewonnen wird. Als Ausgangsstoff dient Melasse aus Zuckerrohr. Das Verfahren ist äußerst kostengünstig, da kaum Personal erforderlich ist; die Produktivität liegt um das 20-fache höher als bei herkömmlichen Herstellungsprozessen.

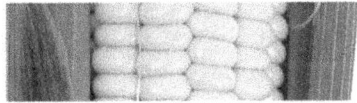

3   Die Gentechnik

Häufig werden Gentechnik und Biotechnologie miteinander verwechselt oder gleichgesetzt. Das ist nicht korrekt, denn die Biotechnologie umfasst alle Methoden und Verfahrensweisen, die zur Herstellung lebende oder tote Organismen einsetzt. Die Gentechnik indes versucht, die Genstruktur von Lebewesen zu verändern. Die Biotechnologie ist bereits Jahrtausende alt, wie das Bierbrauen oder das Backen von Brot belegt. Die Gentechnik, die es zwar in der Tier- und Pflanzenzucht schon lange gab, hat als neue Verfahrensweise in der Biotechnologie eine wahre Revolution ausgelöst. Die Gentechnik konnte durch die gezielte Veränderung des Erbguts „Quantensprünge" in der Evolution erzielen. Zuvor dauerte es oft viele Jahrzehnte, um Tiere und Pflanzen durch Zucht weiterzuentwickeln.

Die wichtigste Voraussetzung für den Beginn der Gentechnik war die Entdeckung der Erbsubstanz durch James D. Watson und Francis C. Crick, die 1953 erstmals in einem Artikel die chemische Struktur der DNA (der Desoxyribonukleinsäure) beschrieben.

Die DNA gleicht einer Doppelhelix – also einer Wendeltreppe, deren Sprossen aus zwei von den vier Basen Adenin, Cytosin, Guanin und Thymin bestehen. Das Alphabet des Lebens beschränkt sich gleichsam auf vier Buchstaben. Wie bei einem Reißverschluss fügen sich immer zwei Basen zusammen, wobei nur Adenin und Thymin sowie Cytosin und Guanin jeweils ein Paar bilden können. Für die Kodierung der Erbinformation ist die Abfolge dieser Basenpaare entscheidend. Dieses Prinzip gilt mit Ausnahme von einigen Viren für alle bekannten Lebewesen. Einige Viren – vor allem Retroviren – haben anstelle von DNA die Ribonucleinsäure (RNA) als Genmaterial.

Die Erbinformation wird bei der Teilung der Zelle (Mitose) an die beiden neuen Zellen weitergegeben. Diesen Vorgang nennt man Replikation. Wie bei einem Reißverschluss teilen sich die DNA-Stränge und werden anschließend wieder ergänzt; dabei wird das Enzym DNA-Polymerase aktiv. Bei diesem Prozess findet eine Fehlerkorrektur statt, um sicherzustellen, dass alle DNA-Stränge wieder korrekt zusammengeführt werden.

Ein weiterer entscheidender Schritt in der Geschichte der Gentechnik war die Erkenntnis, dass Gene Steuerungssequenzen für die Herstellung von Enzymen sind. Die Genforscher George W. Beadle, Edward L. Tatum und Joshua Lederberg konnten dies nachweisen und bekamen dafür 1959 den Nobelpreis. Die Kodierung von Anweisungen muss durch mindestens drei Gene erfolgen, da es 20 Aminosäuren gibt, aus denen sich komplexe Proteine zusammensetzen. Um 20 Aminosäuren zu synthetisieren, benötigte man mindestens drei Gene, die man als Triplett oder Codon bezeichnet. Wenn drei Codons beteiligt sind, ergeben sich mathematisch maximal 64 Kombinationsmöglichkeiten. Da es aber nur 20 Aminosäuren gibt, bedeutet dies, dass einige Kombinationen die gleiche Wirkung haben müssen. Einige Genkombinationen sind also eigentlich überflüssig – der Gencode ist redundant oder – wie einige Genforscher sagen – degeneriert. Millionen von Jahren haben gleichsam die Programmstruktur „verwässert", so als hätten viele Autoren über einen längeren Zeitraum am selben Buch geschrieben und die Kapitel nicht aufeinander abgestimmt.

3.1   Das menschliche Erbgut

Experten schätzen, dass das menschliche Erbgut (Genom) aus 750 Megabyte Informationen besteht und einer Bibliothek von 5000 Büchern entspricht. Ein Chromosom, das man bildlich mit einem Buchband vergleichen kann, enthält ungefähr 1000 Gene – also Baupläne für Proteine. Eine der bemerkenswertesten Entdeckungen war, dass dieser Programmiercode anders als Software von Informatikern nicht einwandfrei ist. Sinnvolle Programmierzeilen werden durch wirre und sinnlose Zeichenfolgen oder permanente Wiederholungen, die keinen Sinn ergeben, unterbrochen. Anscheinend wurden im Verlauf der Evolution und damit im Verlauf von Millionen Jahren Gensequenzen aufgegeben oder wiederholt. Je länger die Evolution dauerte, desto mehr Überarbeitungen lagen vor. Dies wäre so, um im Bild zu bleiben, als würde man in einem Manuskript einzelne Seiten mehrfach kopieren und hinzufügen, andere Seiten einfach durchstreichen und auch Seiten mit vielen Tippfehlern zulassen. Sinnlose Abschnitte werden als Introns oder als Junk-DNA („Müll-DNA") bezeichnet. Manche Gene, so genannte Mosaikgene, sind nicht als kontinuierlicher Abschnitt programmiert, sondern über das Erbgut verstreut, so dass sich bedeutungsvolle Abschnitte (Exons) mit sinnlosen Abschnitten (Introns) abwechseln. In der Genforschung ist es daher schwierig, die jeweils relevanten Bereiche und die dazu gehörenden Steuersignale ausfindig zu machen. Das Ganze gleicht einem Puzzle.

Beim Kopieren der DNA wird der Code vorsorglich über einen Zwischenschritt zusätzlich kopiert, da eine direkte Vervielfältigung zu riskant wäre; denn schließlich steuern die Gene sämtliche biologischen Prozesse im Körper. Schon der kleinste Fehler könnte beispielsweise Krebs auslösen.

Daher gibt es eine Kopie der DNA, die Messenger-Ribonucleinsäure genannt wird (mRNA), da sie beim Kopieren eine Botenfunktion erfüllt. Die Ribonucleinsäure unterscheidet sich von der DNA dadurch, dass bei ihr die Base Thymin durch Uracil ersetzt wird. Die Anfertigung einer DNA-Kopie als Messenger-Ribonucleinsäure wird als Transkription bezeichnet. Der Kopiervorgang wird durch das Enzym RNA-Polymerase ausgelöst.

In den 1960er Jahren war man noch damit beschäftigt, herauszufinden, wie einzelne Aminosäuren oder Proteine durch Gene codiert werden. Man fragte: Welche Gensequenzen führen zur Herstellung einer bestimmten Aminosäure? Bereits 1961 erzielten Marshall Nirenberg und Heinrich Matthaei einen beachtlichen Fortschritt. Sie konnten eine synthetische Messenger-RNA herstellen und diese auf ein Gemisch anwenden, das für den Aufbau von Aminosäuren benötigt wird. Schon bald danach bildete sich die Aminosäure Phenylalanin. Dies stellte eine entscheidende Erkenntnis dar, denn schon bald konnte man mit Hilfe der künstlichen Messenger-RNA alle Dreier-Kombinationen entziffern und wusste so, mit welcher Gensequenz oder Bauanleitung eine bestimmte Aminosäure produziert werden konnte. Von den 64 möglichen Kombinationen dienen 61 zur Herstellung von Aminosäuren; die drei verbleibenden Kombinationen haben eine Signalwirkung und führen zum Abbruch der Synthese. Die Messenger-RNA ist gleichsam das sinnvolle Manuskript, das nach der Bearbeitung durch den Lektor zurückbleibt. Die DNA hingegen gleicht eher einer konfusen Materialsammlung.

Eine weitere erstaunliche Erkenntnis besteht darin, dass der genetische Code universell angewendet wird. Ganz gleich, ob es sich um einen Menschen, einen Hund, eine Schildkröte oder ein Insekt handelt – die Gensequenzen führen immer zur gleichen Herstellung der jeweiligen Aminosäure, auch wenn einige Tiere andere Aminosäuren als der Mensch benötigen. Die einzige Abweichung sind die Miniorgane (Organellen) der Zelle. Zu ihnen zählen beispielsweise Mitochondrien, die man als die Kraftwerke der Zelle ansehen kann. Biologen vermuten, dass Mitochondrien ursprünglich Bakterien waren, die sich in die Zelle eingenistet haben und im Verlauf der Evolution als Zellbestandteil integriert wurden.

Neben den Strukturgenen, die den Bauplan einer Aminosäure enthalten, gibt es auch Gene, die für die Steuerung der Produktion verantwortlich sind. Sie sorgen dafür, dass zuerst eine Kopie in Form der mRNA erstellt wird (Prozess der Transkription) und diese dann die Proteinsynthese einleitet (Prozess der Translation). Beide Vorgänge fasst man als Expression zusammen. Bei diesen Vorgängen sind Start- und Stoppsignale beteiligt. Die eigentliche Proteinherstellung erfolgt in der Zelle in den Ribosomen.

3.2   Der Beginn der Gentechnik

Die eigentliche Gentechnik begann, als es möglich war, die Gene im Labor neu anzuordnen oder die Gene verschiedener Lebenswesen zusammenzufügen. Ein solches Vorgehen nennt man Rekombination.

Um Gene zu verändern, beobachtete man zuerst Bakterien und stellte fest, dass diese Mikroorganismen untereinander Genmaterial austauschen können. Bakterien haben zusätzlich zur eigentlichen DNA eine ringförmige DNA, die als Plasmid bezeichnet wird. Durch eine Art Verbindung können diese Plasmide an andere Bakterien weitergegeben werden. Dies erklärt, weshalb Bakterien so schnell eine Resistenz gegen Antibiotika bilden können.

Sehr schnell kam man auf die Idee, Plasmide zu nutzen, um fremdes Genmaterial in eine Bakterienzelle einzuschleusen. Das Plasmid wirkt gleichsam wie ein Gentaxi oder ein Vektor, der in die Zelle eindringt und dort ein bestimmtes Programm ablaufen lässt. Das Problem, das sich stellte, war jedoch, das ringförmige Plasmid „aufzuschneiden", eine fremde Gensequenz einzufügen und den Ring wieder zu schließen. Da sich alle diese Prozesse auf mikroskopischer Ebene abspielen, erschien das Unterfangen fast aussichtslos; denn solche „Molekularscheren" gab es bis dahin nicht.

Durch die Forschung auf einem anderen Gebiet wurde man aber bald fündig. Es gibt Viren, die speziell Bakterien befallen, so genannte Bakteriophagen. Diese Viren hatten im Lauf der Evolution Enzyme entwickelt, die es ermöglichen, den Ring aufzuschneiden und das fremde Virusgen einzufügen, um sich in dem Bakterium zu vermehren. Diese Enzyme, die Restriktionsendonukleasen, stellten einen wichtigen Meilenstein in der Gentechnik dar. 1970 entdeckte Herbert W. Boyer außerdem, dass die „Enzymscheren" das Plasmid an einer ganz bestimmten Stelle aufschneiden. Mit einem anderen Enzym, der DNA-Ligase, konnte man die freien Enden wieder zu einem Ring „verkleben". Man kennt inzwischen über 1200 solcher „Scheren", womit die Gentechnik das Genmaterial nahezu an beliebigen Stellen auftrennen kann.

1973 wurde der erste Versuch gemacht, ein solch verändertes Plasmid in eine Bakterienzelle einzuschleusen. Das Plasmid enthielt Gene, die die Resistenz gegen zwei Antibiotika codierten. Mit Hilfe einer chemischen Substanz wurde die Zelle durchlässig gemacht und das Plasmid ins Innere transportiert. Danach wurden die Bakterien mit zwei verschiedenen Antibiotika (Kanamycin und Tetrazyklin) behandelt. Die Bakterien, die die Behandlung überstanden, hatten das manipulierte Plasmid erfolgreich aufgenommen. In der Geschichte der Genforschung war dies das erste Experiment, das bewies, dass man neue Lebewesen durch genetische Manipulation erzeugen konnte.

Der nächste Schritt in der Genforschung bestand darin, aufzuzeigen, dass man auch die Artenschranke überwinden konnte. Bisher gab es in der Biologie nur den Fall, dass gleiche Arten Gene kombiniert werden konnten. Biologisch war es unmöglich, dass beispielsweise eine Katze und ein Hund ihre Gene vereinen konnten. Selbst bei nah verwandten Lebewesen wie dem Maultier und dem Esel führte dies zu enormen Problemen.

1973 gelang der Durchbruch. Ambitionierte Forscher hatten sich vorgenommen, die Gene von Fröschen in ein Bakterium einzuschleusen. Ein Genabschnitt wurde aus der Zelle eines Frosches durch das Scherenenzym

herausgeschnitten, in ein Plasmid eingefügt und der Ring in eine Bakterienzelle transportiert. Das fremde Gen wurde problemlos von der Bakterienzelle aufgenommen und akzeptiert. Dies war für die Gentechnik ein un-
schätzbarer Fortschritt, denn nun war es möglich, Genabschnitte in Bakterien beliebig zu kopieren und zu vermehren.

Um dieses Verfahren anzuwenden, musste noch ein weiteres Problem über-
wunden werden. Da die DNA eine ziemlich große Bibliothek mit vielen
sinnlosen Abschnitten darstellt, durfte man nur die „lektorierte" Fassung
benutzen und nicht das fehlerübersäte Rohmanuskript. Eine solch korri-
gierte Version liegt in Form der Messenger-RNA vor, die nur die sinnvollen
Teile der Gene zusammenfasst. Leider ließ sich die Messenger-RNA nicht
direkt in den Bakterienring einbauen, da das Plasmid nur DNA annahm.
Man benötigte also ein Enzym, das Boten-RNA wieder in DNA umwandelte.
Bei Retroviren, die bekanntlich keine DNA, sondern nur RNA haben, fand
man dieses wichtige Enzym – die reverse Transkriptase. Durch dieses Enzym entsteht eine DNA-Kopie (cDNA) der Boten-RNA.

Inzwischen hat es der technische Fortschritt ermöglicht, dass eine solche
DNA auch künstlich zusammengesetzt werden kann, als würde man Buch-
staben mit Hilfe einer Tastatur aneinanderreihen. Die Gentechnik kann daher
im „Buch des Erbguts" einfach selbst neue „Wörter" und „Sätze" schreiben.
Innerhalb weniger Stunden ist es heute möglich, neue, maßgeschneiderte
DNA zusammenzufügen.

3.3   Erste Anwendungen der Gentechnik

Die erste sensationelle Anwendung war die Herstellung von Humaninsulin.
Diabetes ist die am weitesten verbreitete Zivilisationskrankheit des 20. und
des 21. Jahrhunderts. Sie führt langfristig zu schweren Folgeerscheinungen,
zu denen Blindheit und schwere Durchblutungsstörungen zählen. Beim
Diabetes Typ I, der bereits in der Jugend auftreten kann, werden die Langer-
hans'schen Zellen der Bauchspeicheldrüse durch einen Autoimmunprozess
zerstört. Beim Altersdiabetes (Typ II) wird zu wenig Insulin produziert und
das Insulin wird vom Körper schlechter aufgenommen, so dass der Blutzu-
ckerspiegel ansteigt.

Bevor man das lebenswichtige Hormon gentechnologisch herstellen konnte, musste Diabetes mit dem Insulin von Schweinen oder Rindern behandelt werden, das man aus der Bauchspeicheldrüse der Tiere gewann. Da von Tieren stammendes Insulin nicht völlig identisch mit dem Humaninsulin ist, gab es bisweilen allergische Reaktionen. Das Insulin von Schweinen unterscheidet sich durch eine Aminosäure, das von Rindern sogar durch drei. Auch war es aufwändig, das aus Bauchspeicheldrüsen gewonnene Insulin zu reinigen.

Erstmals gelang es 1921 zwei kanadischen Forschern, Frederick G. Banting (1891–1941) und Charles H. Best (1899–1978) in Toronto Insulin aus der Bauchspeicheldrüse von Tieren zu gewinnen. Der US-Pharmakonzern Eli Lilly begann bereits 1922 mit der industriellen Großproduktion. In Deutschland stellte Hoechst Insulin her.

> Zu den größten Insulinproduzenten zählen heute neben Eli Lilly das dänische Pharmaunternehmen Novo Nordisk und Sanofi-Aventis, zu dem Hoechst gehört.

Hoechst konnte bereits 1938 ein verbessertes Insulin auf den Markt bringen, das eine Depotwirkung entfaltete. Die komplette chemische und räumliche Struktur des Insulinmoleküls konnte 1969 mit Hilfe der Röntgenstrukturanalyse aufgeklärt werden; 1953 hatte Fred Sanger die chemische Grundstruktur analysiert.

1980 bekamen in London die ersten Freiwilligen, das durch Bakterien gewonnene Humaninsulin injiziert. Der Versuch, der in der Öffentlichkeit aufmerksam beobachtet wurde, verlief reibungslos. Schon zwei Jahre später startete die industrielle Produktion von Humaninsulin. Bevor es gentechnologisch gewonnenes Humaninsulin gab, mussten allein je Diabetiker jährlich die Bauchspeicheldrüsen von 50 Schweinen verarbeitet werden, und weltweit gab es Hunderte von Millionen Diabetikern. Wie sehr sich das technologische Verfahren durchgesetzt hat, erkennt man daran, dass seit 2005 in Deutschland kein aus Tieren stammendes Insulin mehr auf dem Markt ist.

Die nächste Substanz, die gentechnologisch hergestellt wurde, war Somatostatin. Dieses Hormon wird im Zwischenhirn (im Hypothalamus) gebildet und fördert die Ausschüttung von Insulin im Körper und blockiert die Freisetzung des Wachstumshormons. Es war Forschern nur unter großer Mühe gelungen, das Hormon zu extrahieren; man benötigte mehr als eine halbe Million Schafshirne, um wenige Milligramm zu gewinnen.

Die Fortschritte in der Gentechnologie lösten bei einigen Wissenschaftlern große Besorgnis aus, da die Risiken nur noch schwer einzuschätzen waren. Auf der Konferenz von Asilomar, die 1975 stattfand, warnten Genforscher wie Paul Berg, David Baltimore, Maxine Singer und Sydney Brenner vor den Gefahren der Gentechnologie und forderten die Verabschiedung strenger Richtlinien, die Katastrophen verhindern sollten. So spielte man das Szenario durch, dass genmanipulierte Bakterien, die Insulin produzieren, freigesetzt werden könnten und den Menschen befallen. Das Übermaß an Insulin würde zu einem lebensbedrohlichen Insulinschock führen. Noch dramatischer wäre es, wenn gefährliche Mikroorganismen genmanipuliert würden. Die in den USA zuständige Behörde, das National Institute of Health (NIH), erließ daraufhin strenge Bestimmungen für die Genforschung. So wurden Bakterien des Typs Escherichia Coli entwickelt, die außerhalb eines Labors nicht überlebensfähig waren. Die Labors wurden nach unterschiedlichen Sicherheitsstufen klassifiziert und mussten strengen Sicherheitsanforderungen genügen. Die Türen wurden mit Schleusen und Dekontaminierungseinrichtungen versehen. Innerhalb des Labors musste permanent ein Unterdruck dafür sorgen, dass keinerlei Mikroorganismen entweichen konnten. Für die Industrie ergaben sich durch die öffentliche Diskussion etliche Hürden. Als Hoechst 1984 den ersten Antrag für die Genehmigung einer gentechnologischen Anlage stellte, dauerte es fast 14 Jahre, bis der Antrag 1998 bewilligt wurde.

Dank der Gentechnologie konnte man Insulin-Varianten herstellen, die es in der Natur nicht gab. Diese Insulinderivate werden beispielsweise schneller vom Körper aufgenommen, da herkömmliches Insulin nach der Injektion unter die Haut sehr viel langsamer resorbiert wird. Später gelang es, ein Insulin herzustellen, das direkt in die Blutbahn injiziert wird und langsam seine Wirkung entfaltet. Dadurch müssen Diabetiker nur noch einmal am Tag sich eine Dosis verabreichen, was die Planung des Tagesablaufs wesentlich vereinfacht. Die Varianten von Insulin konnten mit Hilfe des Protein-Engineering hergestellt werden.

3.4   Komplexe Proteine

Viele Proteine und Wirkstoffe, die in der Medizin eingesetzt werden, bestehen jedoch anders als das Insulinmolekül aus einer noch weitaus komplexeren Struktur. Zwar ist auch Insulin keineswegs einfach strukturiert, aber
andere Proteine sind noch vielschichtiger. Bakterien als einfache Organismen können solche Moleküle nicht herstellen, zumal diese aus Bausteinen
bestehen, die bei Bakterien nicht vorkommen. Um das Problem zu lösen,
bedienten sich die Wissenschaftler der Hefe, die bereits einen höheren
Stoffwechsel hat. Sie konnten bereits Impfstoffe gegen Hepatitis B produzieren. An manchen komplexen Proteinen scheitern aber auch Hefepilze. Die
Lösung bestand schließlich darin, die Zellen von Säugetieren zu verwenden.

Die genetische Veränderung solcher Zellen ist allerdings aufwändiger, da
das Erbgut bei Säugetieren in Chromosomen „verpackt" ist. Zuerst wird die
Gensequenz ermittelt, die man benötigt, um ein bestimmtes Protein herzustellen. Diese Genabfolge kann in einem DNA-Syntheseautomaten künstlich
erzeugt und anschließend vervielfältigt werden. Das eigentliche Problem ist
die Einschleusung in die Zelle. Hierzu verwendet man ein Plasmid, also die
ringförmigen Genspeicher von Bakterien, die als Transportmittel oder Vektor dienen. Um diese Plasmidringe in die Zelle zu bringen, kann man sie
entweder mit einer Nadel unter dem Mikroskop injizieren (Mikroinjektion)
oder in Kalziumphosphat wie in ein Granulat hüllen, das automatisch in die
Zelle aufgenommen wird. Eine weitere Möglichkeit ist es, die Zelle elek-
trisch zu stimulieren. Durch diese so genannte Elektroporation bilden sich
größere Poren in der Zellmembran, so dass sie durchlässiger wird.

Bei der Gewinnung der Wirkstoffe gibt es zwei Verfahren: Bei manchen bleiben die Wirkstoffe in der Zelle, so dass diese aufgebrochen und die Substanz
aufwändig extrahiert und gereinigt werden muss. In anderen Verfahren
werden die Wirkstoffe nach außen abgesondert, so dass die Zellen wieder
verwendet werden können. Die Zellen werden in Bioreaktoren gezüchtet,
die zumeist in einem flüssigen Nährmedium schwimmen oder in einem Gel
eingekapselt sind.

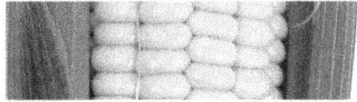

4   Weiße Biotechnologie

Ein in der Öffentlichkeit wenig beachteter Zweig ist die weiße Biotechnologie, die zu Unrecht hinter der medizinischen Biotechnologie zurücksteht. Unter weißer Biotechnologie versteht man die Herstellung von Produkten mit Hilfe von Zellen. Dieses Verfahren wurde bereits zu Beginn des 20. Jahrhunderts eingesetzt.

Ein charakteristisches Beispiel ist die Herstellung von Zitronensäure. Noch im 19. Jahrhundert hatte Italien ein Quasimonopol auf Zitronen. Die chemische Struktur der Zitronensäure wurde bereits 1838 von dem berühmten Chemiker Justus von Liebig entschlüsselt. Ende des 19. Jahrhunderts entdeckte man, dass einige Schimmelpilze Zitronensäure absondern, wenn sie Traubenzucker erhielten. Nach dem ersten Weltkrieg stieg der Verbrauch an Zitronensäure, die man auch für die Lebensmittelkonservierung einsetzte, deutlich an. Die Gewinnung aus Zitrusfrüchten war zu aufwändig und teuer. Nach intensiver Forschung erkannte man, dass der Schwarze Gießkannenschimmel (Aspergillus niger), der auf Brot vorkommt, die höchste Ausbeute an Zitronensäure hervorbrachte. Durch gezielte Experimente wurde herausgefunden, welches Nährmedium der Pilz bevorzugte. Schon wenige Jahre danach wurde Zitronensäure fast ausschließlich durch dieses Verfahren gewonnen, was in Italien zu einem drastischen Rückgang der Zitronenplantagen führte.

Zitronensäure wird heutzutage in der Industrie in großem Maßstab eingesetzt. Viele Lebensmittel, darunter auch Bonbons, Marmelade oder Getränke, werden mit Zitronensäure versetzt, um ihnen einen besseren Geschmack zu verleihen und sie haltbarer zu machen. Auch bei Waschmitteln könnte Zitronensäure zum Einsatz kommen, da sie Kalzium und Magnesium bindet und so die Wasserhärte herabsetzt. Spülmittel enthalten deshalb auch oft Zitronensäure. Die weltweit produzierte Menge an Zitronensäure wird auf 800 000 Tonnen beziffert.

Eine weitere Substanz, die in der Weißen Biotechnologie eine Schlüsselrolle spielt, ist das Lysin, eine Aminosäure, die in herkömmlichen Lebensmitteln und Getreide kaum vorkommt, aber für den Menschen und Tiere von lebenswichtiger Bedeutung ist. Da an Nutztiere häufig Getreide verfüttert wird, wird künstlich hergestelltes Lysin hinzugefügt, um einem Mangel der Aminosäure vorzubeugen. In Zukunft sollen transgene Pflanzen essenzielle Aminosäuren wie Lysin, Methionin und Threonin herstellen.

4.1   Cystein

Eine ähnliche Bedeutung hat die Aminosäure Cystein, die sich vor allem in Haaren, Federn, Nägeln und Wolle findet. Cystein hat bestimmte einzigartige Eigenschaften, die sehr nützlich sind. So enthalten Backmischungen oft Cystein, das das im Weizen enthaltene Gluten aufspalten kann. Der Teig wird dadurch geschmeidiger und leichter verarbeitbar. Cystein wird auch als Hustenlöser in Form von Acetylcystein eingesetzt, um den proteinhaltigen Bronchialschleim zu lösen.

Früher musste Cystein aus Haaren oder Federn gewonnen werden. In manchen Ländern wurden bei Friseuren deshalb die abgeschnittenen Haare gesammelt. Da Cystein hauptsächlich in Kosmetika eingesetzt wurde, war die traditionelle Herstellungsweise äußerst umstritten, da Haare und Federn Erreger wie beispielsweise Viren der Vogelgrippe enthalten können. Mit Hilfe eines genveränderten Bakteriums gelang es schließlich, Cystein in beliebigen Mengen zu produzieren. Durch das gentechnologische Verfahren konnte der Verbrauch von Salzsäure, die für die Herstellung bei beiden Verfahren unerlässlich ist, drastisch reduziert werden. Seit 2004 werden mehr als 500 Tonnen Cystein hergestellt, die auch für Fleischaromen verwendet werden. Das traditionelle Verfahren, das zurzeit noch kostengünstiger ist, findet weiterhin Anwendung. Das so hergestellte Cystein wird im Hunde- und Katzenfutter eingesetzt.

4.2   Glutamat

Ein weiteres Anwendungsgebiet der Weißen Biotechnologie ist die Herstellung von Glutamat.

> Was viele nicht wissen: Neben den Geschmacksrichtungen süß, sauer, bitter und
> salzig, die von der Zunge wahrgenommen werden, gibt es noch eine fünfte, die
> mit einem japanischen Begriff umschrieben wird: *„umami"*. Damit bezeichnet man
> einen würzig-fleischigen Geschmack, der durch Glutamat verstärkt werden kann.

Entdeckt wurde Glutamat in Japan bereits im 19. Jahrhundert in einer Meeresalge. Seit Beginn des 20. Jahrhunderts wird Glutamat aus Weizen gewonnen und dient als Geschmacksverstärker für Soßen und Gerichte. Seit den 1950er Jahren wird Glutamat auch aus Bakterienstämmen gewonnen.

Die chemische Synthese ist zwar möglich, lohnt sich aber nicht. Bei jeder chemischen Herstellung werden nämlich in gleichen Anteilen rechts- und linksdrehende Aminosäuren gebildet. Der menschliche Körper reagiert aber nur auf linksdrehendes Glutamat, da er nur für dieses Rezeptoren besitzt. Die Gentechnologie führt automatisch zur Herstellung der für den Körper verwertbaren Aminosäure, da auch Bakterien nur die entsprechende Form benutzen. Das biotechnologische Verfahren ist daher in der Aminosäurensynthese stets dem chemischen Prozess überlegen.

4.3   Ascorbinsäure – das Wundermittel Vitamin C

Seefahrer, die monatelang auf den Weltmeeren unterwegs waren, litten in früheren Jahrhunderten häufig unter der Vitaminmangelkrankheit Skorbut, die bedrohliche Folgen haben konnte. Da es bei langen Seereisen kein frisches Obst oder Gemüse gab, trat häufig ein Mangel an Vitamin C auf, das wissenschaftlich Ascorbinsäure genannt wird. Bald erkannte man jedoch, dass Sauerkraut die Krankheit verhinderte.

Bereits Anfang des 20. Jahrhunderts hatte man erkannt, dass es ein Vitamin sein musste und erforschte die Möglichkeit, es chemisch zu synthetisieren. Der Durchbruch gelang 1933 in Zürich, als an der Eidgenössischen Technischen Hochschule zum ersten Mal Vitamin C im Labor gewonnen wurde. Das rein chemische Verfahren erwies sich jedoch für die industrielle Großproduktion als zu aufwändig und kostspielig, da Ascorbinsäure über zehn verschiedene Zwischenstufen synthetisiert werden musste.

Zur biotechnologischen Herstellung von Vitamin C wurden die Eigenschaften von zwei verschiedenen Bakterien miteinander kombiniert. Diese rekombinierten Bakterien können aus Traubenzucker eine Vorstufe der Ascorbinsäure produzieren.

Der Verbrauch von Vitamin C steigt weltweit kontinuierlich an; aufgrund des biotechnologischen Verfahrens sind die Preise für das Vitamin stetig gesunken, zumal die Produktion heutzutage vorwiegend in China stattfindet.

4.4   Der neue Süßstoff Aspartam

Durch einen Zufall wurde 1965 das Aspartam entdeckt, als ein Chemiker verschiedene Aminosäuren als Medikament gegen Magengeschwüre erforschte. Aspartam ist 200-mal süßer als herkömmlicher Rübenzucker und enthält kaum Kalorien. Darüber hinaus ist der Geschmack von Aspartam dem von Zucker ähnlicher als der der beiden anderen Süßstoffe Saccharin und Cyclamat.

Um Aspartam biotechnologisch herzustellen, verwendet man Bakterien, die die Vorstufen Aspartat und Phenylalanin synthetisieren. Diese werden dann durch eine chemische Reaktion zu Aspartam verknüpft. Die Entdeckung des Aspartams veränderte die Lebensmittelindustrie in den 1970er Jahren, als Fitness, Aerobic und Körperbewusstsein die Tagesordnung bestimmten. Aspartam wird überwiegend für Softgetränke eingesetzt, da es nur für einen begrenzten Zeitraum von mehreren Monaten haltbar ist.

Die Herstellung von Aspartam ist zurzeit noch teurer als die von Saccharin oder Fructose. Konkurrenz könnte der Süßstoff durch Thaumatin, einem pflanzlichen Süßmittel, das aus einem afrikanischen Strauch gewonnen wird, und durch Monellin erhalten. Beide Süßstoffe sind in der Herstellung noch relativ teuer, da sie nicht biotechnologisch gewonnen werden können.

4.5   Antibiotika

Die Entdeckung des Penicillins durch Alexander Fleming (1881–1955) ge-
schah eher durch einen Zufall. Fleming hatte bei Laborarbeiten aus Versehen
eine Petrischale mit einem Schimmelpilz infiziert, dessen Sporen durch die
Luft eingedrungen waren. Um den Pilz herum konnten sich keine Bakte-
rienkolonien bilden. Fleming erkannte sofort, dass der Pilz eine bakterizide
Wirkung haben musste und führte eine Versuchsreihe mit anderen Bakterien
durch. Das Ergebnis war erstaunlich, denn selbst gefährlichste Krankheitserreger wurden abgetötet. Fleming veröffentlichte den sensationellen Befund
in der Zeitschrift „British Journal of Experimental Pathology", doch kaum jemand nahm davon Notiz.

Erst als der Zweite Weltkrieg ausbrach, griff man die Entdeckung auf – 1941
wurde der erste Patient mit Penicillin behandelt; der Patient starb jedoch, da
die Menge des Antibiotikums, das zur Verfügung stand, nicht ausreichte.

Die industrielle Produktion wurde 1941 in Peoria in Illinois aufgenommen.
Das erste Problem bestand darin, dass der von Fleming entdeckte Pilz nur
auf Oberflächen wuchs, was die Ausbeute sehr beschränkte. Um die Mengen
zu erhöhen, benötigte man eine Variante des Schimmelpilzes, nämlich Peni-
cillium chrysogenum. Da der Kriegseintritt der USA unmittelbar bevorstand
und Penicillin eine strategische Bedeutung bei der Behandlung von Soldaten
hatte, suchte man fieberhaft auf der ganzen Welt nach diesem Schimmelpilz.
Eher durch Zufall fand eine Mitarbeiterin den Pilz auf einer verschimmelten
Melone, die sie auf dem Wochenmarkt in Peoria gekauft hatte.

Mit dessen Hilfe konnte man Penicillin in Tanks (so genannten Deep Tanks)
gewinnen, da der Schimmelpilz in der Nährflüssigkeit (aus Maiswasser)
eingetaucht (submers) wuchs. Schon Ende 1942 beteiligten sich 17 Pharmaunternehmen an der Penicillin-Produktion. Im Mai 1945 kam Penicillin in
den USA in den freien Handel. Im selben Jahr erhielt Alexander Fleming den
Nobelpreis für Medizin.

Kurios in der Wissenschaftsgeschichte ist: Auf Penicillin wurde nie ein Patent angemeldet, da man aus humanitären Gründen darauf verzichtete.
Die US-Unternehmen ließen jedoch das Herstellungsverfahren patentieren.

Nachdem mit Penicillin das erste Antibiotikum entdeckt worden war, begann man, systematisch nach neuen Wirkstoffen zu suchen, indem man Erdboden nach Mikroben durchforstete. Ein Kubikzentimeter Erde enthält Millionen von Bakterien; diese wurde in Petrischalen und in Brutschränken vermehrt. Dann infizierte man vorbereitete Schalen mit Krankheitserregern wie Streptokokken, dem Darmbakterium Escherichia coli oder dem Hefepilz Candida mit den entdeckten Bakterien. Immer wenn sich die Flecken mit den Krankheitserregern zurückbildeten oder verschwanden, untersuchte man das jeweilige Bakterium oder den Pilz genauer darauf hin, ob ein Antibiotikum abgesondert wurde.

Auf diese Weise entdeckte man 141 verschiedene Penicillium-Stämme, die Varianten des Penicillins hervorbrachten. Durch gezielte Auslese und Mutation wurde die Ausbeute an Antibiotika immer weiter verbessert.

Die ersten Penicillium-Pilze, die in den 1940er Jahren für die industrielle Produktion von Antibiotika eingesetzt wurden, erbrachten vier Einheiten Penicillin (2,4 Mikrogramm) je Milliliter Nährflüssigkeit. Heutzutage liegt die Ausbeute bei 150.000 Einheiten je Milliliter. Dieser große Erfolg wurde durch jahrzehntelange Züchtung erreicht, indem man die besten und ertragreichsten Penicillium-Pilze auswählte. Heute gewinnt man aus einem Liter Nährlösung 100 Gramm Penicillin.

Durch intensive, jahrzehntelange Forschung stehen der Medizin nun über 8000 verschiedene Antibiotika zur Verfügung, die aus Mikroorganismen gewonnen werden. Weitere 4000 Antibiotika stammen von komplexeren Organismen wie Pilzen.

Alle bekannten Antibiotika lassen sich in drei Kategorien untergliedern: Zellwand-Inhibitoren, Proteinsynthese-Inhibitoren und DNA-Inhibitoren.

- Zellwand-Inhibitoren verhindern, dass sich die Zellwand der Bakterien ausbilden kann, indem die Vernetzung der Bausteine blockiert wird. Durch den hohen Innendruck „platzen" die Bakterien, da sie keine Zellwand mehr haben. Zu den Antibiotika mit diesem Wirkmechanismus zählen neben den Penicillinen die Cephalosporine.

- Die zweite Kategorie von Antibiotika, die erst später entdeckt wurde, sind die Proteinsynthese-Hemmer. Sie greifen die „Proteinfabriken"

der Zelle, die Ribosomen, an. Zu dieser Wirkklasse gehören die Tetra-
zykline und Chloramphenicol.

- Die dritte Gruppe sind die DNA-Inhibitoren; sie verhindern die Ausbildung der DNA. Am bekanntesten sind die Antibiotika Erythromy-
cin, Rifampicin und Bacitracin.

Bereits in den 1970er Jahren traten bei Penicillin und anderen Antibiotika die
ersten Resistenzen auf, da die Medikamente oft wahllos über einen zu kur-
zen Zeitraum oder bei Virusinfektionen eingenommen wurden. Die Bakterien bildeten eine Widerstandsfähigkeit aus und konnten diese über Plasmide sogar an andere Bakterien weitergeben. Durch die Forschung gelang
es, das herkömmliche Penicillin abzuwandeln und halbsynthetische Antibiotika zu entwickeln.

Die fast grenzenlose Euphorie, die noch in den 1950er und 1960er Jahren
unter Ärzten vorherrschte, ist inzwischen einer deutlichen Skepsis gewi-
chen. Denn es gibt einen dramatischen Wettlauf zwischen der Forschung
und den Krankheitserregern, da immer mehr Mikroben gegen Antibiotika
resistent werden und immer neue Medikamente entwickelt werden müssen,
um dieses evolutionäre Wettrennen zu gewinnen. Bereits heute schätzt man,
dass in Deutschland 20.000 bis 40.000 Menschen an resistenten Keimen sterben, die besonders in Krankenhäusern verbreitet sind. Am gefürchtetsten ist
der Staphylokokkus Aureus, der eine tödliche Infektion nach sich ziehen
kann. Auch einige Tuberkulose-Stämme reagieren nicht mehr auf eine Anti-
biotika-Behandlung.

4.6   Das Immunsystem regulieren – Cyclosporin

Eine weitere wichtige Entdeckung in der Antibiotika-Forschung war das
Cyclosporin, das bereits 1970 isoliert wurde. Ursprünglich wollte man den
Wirkstoff aufgeben, da er gegen Bakterien gar nicht und nur gegen einige
Pilzinfektionen schwach wirksam war. Da die Substanz jedoch kaum toxische Nebenwirkungen hatte, wurde weiter geforscht. 1972 kam dann ein
sensationeller Durchbruch: Cyclosporin erwies sich zwar als Antibiotikum
ungeeignet, hatte aber eine andere beachtliche Wirkung: Es unterdrückte das

Immunsystem. Zwar hatte man schon vorher mit anderen Immunsuppressiva experimentiert; diese aber setzten das Immunsystem so drastisch herab, dass die meisten Patienten schon an harmlosen Infektionen sterben konnten. Erst bei Cyclosporin ließ sich die immunhemmende Reaktion steuern und regulieren. Die Substanz blockiert im Körper einen Botenstoff, das Interleukin, das erst die Immunreaktion auslöst.

Mit diesem Medikament, gleichsam einem Abfallprodukt der Antibiotika-Forschung, eröffneten sich völlig neue Chancen in der Transplantationschirurgie. Die Zahl der Transplantationen stieg daraufhin sprunghaft an, da man nun die Abstoßungsreaktionen deutlich unterbinden konnte.

4.7   Steroidhormone

Auch die Steroidhormone profitieren von der Biotechnologie. Zu ihnen gehört ein so wichtiges Hormon wie das Cortison, dessen entzündungshemmende Wirkung vor allem bei rheumatischen Erkrankungen von großer Bedeutung ist.

Cortison, das in der Nebennierenrinde entsteht, wurde bereits in den 1930er Jahren von Edward Kendall und Tadeusz Reichstein isoliert. Die chemische Synthese ist möglich, erfordert aber 37 Zwischenschritte unter produktionstechnisch enorm schwierigen Bedingungen. Chemisch hergestelltes Cortison wäre für den Weltmarkt zu teuer. Mit Hilfe der Biotechnologie lässt sich das Verfahren auf elf Stufen reduzieren. Der Preis für Cortison konnte durch Verfahrensoptimierungen um das 200-fache gesenkt werden.

Als Ausgangsstoff verwendete man bis in die 1970er Jahre Diosgenin, das aus der Yamswurzel stammte, die fast ausschließlich in Mexiko wuchs. Aufgrund dieser Monopolstellung beschloss man in Mexiko, den Preis für den Rohstoff zu verzehnfachen. Die Industrie reagierte sofort, indem sie auf Sojabohnenöl auswich, das hormonähnliche Substanzen enthält und in vielen Ländern in großen Mengen auf den Markt kommt. Daraufhin wurde der Preis für Diosgenin in Mexiko wieder drastisch reduziert, was aber keinen Erfolg mehr hatte, da die Industrie nun nur noch Sojabohnenöl als Ausgangsstoff einsetzte.

Als Fazit für diesen Zweig der Biotechnologie kann man resümieren:

Die Zukunft der Weißen Biotechnologie wird weniger darin bestehen, Substanzen direkt von Mikroorganismen entwickeln zu lassen. Das Potenzial von Bakterien und Pilzen ist begrenzt, da diese nur Stoffwechselprodukte hervorbringen können, die im Rahmen ihrer Möglichkeiten liegen. Für komplexe Proteine, Medikamente und menschliche Hormone benötigt man entweder gentechnologisch veränderte Tiere und Pflanzen, oder man synthetisiert aus mikrobiell hergestellten Ausgangsstoffen mit Hilfe der modernen Chemie die gewünschten Substanzen.

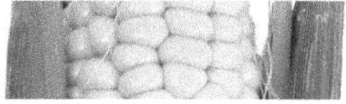

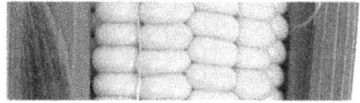

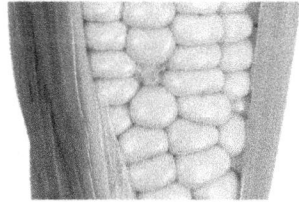

5 Viren und Behandlungsmethoden

Während die Antibiotika bei der Behandlung von bakteriellen Infektionen einen Durchbruch mit sich brachten und schweren Krankheiten wie Typhus, Pest, Tuberkulose oder Blutvergiftung ihren Schrecken nahmen, war die Medizin gegen Viruserkrankungen lange Zeit fast hilflos. Eine Grippeepidemie wie die von 1919 forderte mit 20 Millionen Menschen mehr Todesopfer als der Erste Weltkrieg. Die Pocken führten in früheren Jahrhunderten dazu, dass fast jedes zweite Kind starb. Virusinfektionen gehören daher zu den gefährlichsten Erkrankungen überhaupt.

5.1 Viren als Krankheitserreger

Viren sind wohl die seltsamsten Lebensformen, die es gibt. Sie haben keinen eigenen Stoffwechsel, sondern sind nur eine Art Programm, das die Zelle eines anderen Lebewesens zwingt, bestimmte Stoffwechselprodukte herzustellen, um das Virus zu vermehren. Insofern ähneln Viren durchaus den wohl bekannten Computerviren, denn sie „leben" nicht, können aber dennoch beträchtliche Aktivitäten entfalten.

Die meisten Viren benötigen zur Vermehrung nur eine geeignete Wirtszelle, die sie befallen können. Einige Viren, wie die Retroviren, stellen zusätzlich ein Enzym her, das sie zur Reproduktion brauchen – die so genannte reverse Transkriptase, was ein wichtiger Ausgangspunkt für die Bekämpfung von Virusinfektionen ist. Viren werden grundsätzlich in solche unterteilt, die eine DNA haben, und andere, die mit einer RNA ausgestattet sind. RNA-Viren lösen beispielsweise AIDS, Grippe, Masern, Tollwut, Schnupfen und Kinderlähmung aus. DNA-Viren sind für die Pocken, Gebärmutterhalskrebs und Herpes verantwortlich.

Einige Viren können sich in das Erbgut der Wirtszelle integrieren wie beispielsweise Hepatitis-B- und Papillomviren. Dadurch, dass sich das Virus vollständig in das Genom der Zelle einbaut, kann Krebs ausgelöst werden.

Der Körper reagiert bei einem Virusbefall mit heftigen Immunreaktionen. Dabei markieren die Antikörper die Eindringlinge und rufen körpereigene Fresszellen (Makrophagen) auf den Plan, die die Viren vertilgen.

5.2   Medikamente zur Behandlung von Virusinfektionen

Obwohl in der Medizin noch kein endgültiger Durchbruch bei der Behandlung von Virusinfektionen absehbar ist, gibt es zumindest einige Medikamente, mit denen man solche Erkrankungen behandeln kann. In der Biotechnologie gilt dieses Forschungsgebiet als sehr bedeutsam, da virusbedingte Erkrankungen für die Menschen noch immer eine große Gefahr darstellen.

Es gibt vier Kategorien von Medikamenten (Virizide oder Virostatika):

- Medikamente, die das Andocken verhindern
  Viren müssen, um eine Zelle zu befallen, eine Möglichkeit haben, an die Zellwand anzudocken und ihren Gencode in das Zellinnere „injizieren" können. Die Forschung hat herausgefunden, dass man die Andockstelle des Virus nach dem Schlüssel-Schloss-Prinzip mit einem „falschen Schlüssel" blockieren kann. Bislang funktionieren diese Experimente jedoch nur im Reagenzglas. Der Grund dafür ist, dass der Körper die künstlich hergestellten Moleküle, die als falsche Schlüssel funktionieren sollen, als gefährliche Invasoren einstuft und durch eine Immunreaktion zerstört.

- Medikamente, die das Andocken verhindern
  Retroviren benötigen zur Vermehrung ein Enzym, die reverse Transkriptase, um den RNA-Code in DNA-Code zu übersetzen. Medikamente mit diesem Wirkmechanismus „täuschen" das Enzym oder blockieren es vollständig. Zu diesen Medikamenten zählen beispielsweise das Azidothymidin und Aciclovir, das bei Herpes eingesetzt wird. Einige dieser Medikamente sind relativ toxisch und können den Körper schädigen. Außerdem wirken sie nur bei RNA-Viren, die das Enzym reverse Transkriptase zur Vermehrung benötigen.

- Antisense-RNA
  Bei diesem Verfahren wird eine spiegelbildliche RNA hergestellt, die sich wie bei einem Reißverschluss an die RNA des Virus heftet und diese blockiert. Solche Medikamente sind sehr vielversprechend, befinden sich aber noch im Forschungsstadium. Ein solches Medikament ist zur Behandlung von virusbedingten Augenkrankheiten, die zur Erblindung führen, bereits auf dem Markt.

- Protease-Hemmer
  Protease ist ein Enzym, das längere Ketten von Aminosäuren in die richtigen Bauteile zerlegt. Protease-Hemmer blockieren dieses Enzym, so dass das Virus die vorhandenen Proteine nicht mehr in die notwendigen Bausteine zerkleinern kann. Dadurch wird die Entwicklung des Virus unterbunden.

Eine weitere Behandlungsmöglichkeit von Virusinfektionen besteht darin, das Immunsystem zu stärken. Dank der Biotechnologie ist es heute möglich, kostengünstig körpereigene Immunstoffe in großen Mengen herzustellen. Hierzu gehören beispielsweise die Cytokine (wie z.B. Interleukin-2); diese Botenstoffe führen dazu, dass vermehrt Abwehrzellen im Körper produziert werden. Bei einigen Virusinfektionen werden auch Interferone eingesetzt. Während Interferon in den 1970er Jahren noch mühsam aus Zellen extrahiert werden musste und einen Preis von mehreren hunderttausend Dollar selbst in kleinsten Mengen hatte, kann die Substanz mit Hilfe gentechnologischer Verfahren heute relativ günstig hergestellt werden. Für einige Schwellen- und Entwicklungsländer ist dennoch eine Interferon-Behandlung fast unerschwinglich. Interferon wird vorwiegend für die Langzeitbehandlung von Hepatitis B und C verwendet.

Eine wichtige Entdeckung ist das Neopterin; dabei handelt es sich um eine körpereigene Substanz, die bei Virusinfektionen frühzeitig ausgeschüttet wird, um die Immunreaktion zu beschleunigen. Wenn Blut auf einen erhöhten Neopterin-Spiegel untersucht wird, deutet dies mit sehr hoher Wahrscheinlichkeit auf eine Virusinfektion hin. Die Diagnosemöglichkeit wird dadurch erheblich verbessert; in Österreich werden bereits Blutkonserven

routinemäßig zusätzlich auf Neopterin untersucht, um Virusinfektionen
schnell zu erkennen.

5.3   Impfungen

Viele Biotechnologieunternehmen erforschen neue Impfstoffe, die als besonders wirksames Mittel gegen viele Infektionskrankheiten gelten und auch
bei der Krebstherapie als äußerst vielversprechend angesehen werden. Daher kommt der Impfforschung eine entscheidende Schlüsselrolle zu.

Impfungen haben in der Medizin zu großen Fortschritten und neuen Be-
handlungsmethoden geführt. Die erste Impfung wurde im 18. Jahrhundert
von dem englischen Arzt Edward Jenner entwickelt. Bereits im 11. Jahrhundert hatten chinesische Ärzte beobachtet, dass Personen, die an den harmlosen Kuhpocken erkrankt waren, gegen die tödlichen Pocken immun waren.
Obwohl diese Erkenntnis ein wichtiger Meilenstein für die Bekämpfung der
Pocken war, wurde sie nicht weiter verfolgt. Stattdessen infizierte man Gesunde mit Pocken, die bei den Erkrankten in einer milderen Form verliefen.

Diese Form der Impfung, die es bis in das 18. Jahrhundert hinein gab, hieß
„Variolation". Obwohl sie äußerst gefährlich war und im schlimmsten Fall
tödlich enden konnte, wurde sie von den Ärzten akzeptiert, da die Pocken
die Bevölkerung in hohem Maße dezimierten. Viele Kinder überlebten die
ersten Lebensjahre nicht, da sie vorher an Pocken starben. Aus diesem
Grunde experimentierten die Ärzte mit den Pocken an Gefangenen, Ver-
urteilten und Waisenkindern. Solche Menschenversuche galten damals als
annehmbar. Auch die Mitglieder von Königshäusern ließen sich durch „Variolation" gegen die Pocken „impfen".

Durch einen Zufall entdeckte der englische Landarzt Edward Jenner (1749–
1823) eine weitaus sicherere Form der Impfung. Die Kuhmagd Sarah Nelmes
hatte ihm ganz beiläufig in seiner Arztpraxis erzählt, dass sie gar nicht an
Pocken erkranken könne, da sie schon die Kuhpocken gehabt habe. Was
chinesische Ärzte schon Jahrhunderte zuvor erkannt hatten, ohne es zu nutzen, machte Jenner neugierig. Er erkannte, dass auf dem Land viele Leute
Ähnliches berichteten und so entschloss er sich zu einem Versuch. Ein acht-
jähriger Junge namens James Phipps wurde zuerst mit den Kuhpocken infi-

ziert; dabei nahm Jenner das infektiöse Sekret der Kuhmagd, die an Kuhpocken erkrankt war, und ritzte den Arm des Versuchspatienten auf. Als der Junge die Erkrankung mit leichtem Fieber überstanden hatte, besorgte sich der Arzt das Sekret aus der Pustel einer Pockenleiche. Wieder infizierte er den Probanden. Die Pocken, die äußerst leicht übertragbar waren und meist tödlich verliefen, brachen bei dem Jungen nicht aus. Der Grund dafür ist, dass die Viren der Kuhpocken sehr stark den Viren der tödlichen Pocken ähneln und zu einer vergleichbaren Immunreaktion führen. Die dabei entstehenden Gedächtniszellen im Immunsystem bleiben über das ganze Leben im Blut und können jederzeit eine neue Infektion aufspüren und sofort bekämpfen.

Die sensationelle Entdeckung verbreitete sich wie ein Lauffeuer in ganz Europa und führte dazu, dass die Pockenschutzimpfung in vielen Staaten obligatorisch wurde. Der medizinische Fachbegriff für Impfung „Vakzination" leitet sich vom lateinischen Wort „*vacca*" für „Kuh" ab. Im Laufe der Jahrzehnte gelang es, die Pocken, die früher vielen Kindern den frühen Tod brachten, stark zurückzudrängen. Im 20. Jahrhundert startete die WHO eine Kampagne zur Ausrottung der gefährlichen Krankheit, was Ende der 1970er gelang. Die Medizin könnte sehr schnell noch weitere solche Impfstoffe entwickeln, wenn man zu jeder gefährlichen oder tödlichen Infektionskrankheit eine harmlosere Variante hätte. Leider sind die Viren bei den meisten anderen Krankheiten zu unterschiedlich, als dass eine solche Lösung möglich wäre.

Der berühmte Louis Pasteur konnte an die Erfolge von Jenners Pockenschutzimpfung anknüpfen, als er 1885 einen Jungen namens Joseph Meister behandelte. Der Junge war von einem tollwütigen Tier gebissen worden und schien dem sicheren Tod geweiht. Pasteur, der sich vorher bereits intensiv mit Mikroorganismen und Gärungsprozessen beschäftigt hatte, vermutete, dass ein Erreger für die Tollwut verantwortlich war. Die Viren konnten damals noch nicht sichtbar gemacht werden, da es noch keine Elektronenmikroskope gab. Pasteur vermutete, dass sich der Erreger im Rückenmark einnistete, was er aus den neurologischen Symptomen der Patienten erschloss; aus diesem Grund nahm Pasteur Rückenmark von einem mit Tollwut infizierten Kaninchen und injizierte es dem Patienten, der daraufhin wieder gesund wurde. Die abgeschwächten Tollwutviren hatten bei dem Patienten zur Bildung von Antikörpern geführt. Schon vier Jahre vorher war es Pasteur gelungen, eine Impfung für Schafe gegen Milzbrand zu entwickeln.

Einen weiteren Meilenstein in der Impfforschung stellte die Begründung der Bakteriologie durch Robert Koch (1843–1910) dar, der einwandfrei nachweisen konnte, dass einige Bakterien schwere Krankheiten verursachen. Am Ende des 19. Jahrhunderts entdeckte man die Erreger vieler weitverbreiteter Infektionskrankheiten wie Cholera, Malaria, Tuberkulose, Pest und Milzbrand. Auf diesen wissenschaftlichen Grundlagen konnte man aufbauen, so dass Emil von Behring (1854–1917) die passive Immunisierung entwickeln konnte. Bei diesem Verfahren werden keine lebenden oder abgeschwächten Erreger verwendet, sondern bereits gebildete Antikörper aus einer Immunreaktion. Zu diesem Zweck begann Behring 1890 mit Diphtherie zu experimentieren, indem er Antikörper gegen die gefährliche Krankheit aus dem Blut von Pferden gewann. 1893 hatte er Erfolg und konnte eine Serumtherapie gegen Diphtherie anbieten, wofür er 1901 den Nobelpreis für Medizin erhielt. Die 1904 gegründeten Behring-Werke begannen mit der Herstellung von Seren gegen Diphtherie und Tetanus.

Abgetötete Erreger werden heute beispielsweise bei Kinderlähmung, Typhus und Cholera eingesetzt. Abgeschwächte Mikroorganismen finden bei Masern und Röteln Anwendung.

5.3.1   Die Biotechnologie und die passive Immunisierung

Inzwischen wurde die passive Immunisierung mit einem neuen Verfahren deutlich verbessert. Hierzu infiziert man Mäuse mit Krankheitserregern. Die neue gebildeten Antikörper beziehen sich auf unterschiedliche Oberflächenstrukturen des Erregers, d.h. es werden sehr verschiedene Antikörper produziert, die an verschiedenen Stellen des Erregers andocken. Ein solches Gemisch wird als polyklonale Antikörper bezeichnet. Bei der Impfstoffherstellung wählt man nur eine Sorte von Antikörpern aus, die immer an der gleichen Position angreifen; man nennt sie monoklonale Antikörper.

5.3.2 Monoklonale Antikörper

Monoklonale Antikörper wurden erstmals 1975 beschrieben und von Cesar Milstein und Georges Köhler entwickelt. Diese Antikörper sind einheitlich strukturiert und reagieren spezifisch. Die beiden Wissenschaftler konzipierten ein Verfahren, mit dem es möglich ist, monoklonale Antikörper in beliebiger Menge herzustellen, wofür sie 1984 den Nobelpreis erhielten.

Mit monoklonalen Antikörpern kann man beispielsweise sofort feststellen, ob ein Patient mit einem bestimmten Virus infiziert ist.

Der Test, der ELISA genannt wird, weist die entsprechenden Antikörper im Blut nach. Bei der SARS-Epidemie in Asien gab es allerdings Probleme, die Erkrankung rechtzeitig nachzuweisen. Tests mit monoklonalen Antikörpern funktionieren erst, wenn der Patient genügend Antikörper ausgebildet hat. Als im Jahr 2002 die schwere Atemwegserkrankung SARS in Asien ausbrach, musste man die Viren direkt nachweisen, was zu einigen Fehldiagnosen führte. Die vermeintlichen Patienten wurden zwangsweise in Kliniken eingewiesen, wo sie sich erst mit SARS ansteckten.

Die monoklonalen Antikörper werden aus der Milz der Mäuse gewonnen, denn dort findet die Vermehrung der Antikörper statt. Um diese Antikörper im Labor zu vervielfältigen, was unter normalen Umständen nicht möglich ist, werden sie mit Krebszellen (Myelomzellen) verschmolzen, die ein unendliches Wachstum haben. Diese verschmolzenen oder fusionierten Zellen werden als Hybridomzellen bezeichnet. Problematisch bei diesem Verfahren ist aber, dass danach die richtigen Antikörper herausgefiltert werden müssen; dieses Screening gilt als sehr aufwändig.

Weitaus effizienter und zukunftsträchtiger ist die Herstellung von so genannten rekombinanten Antikörpern. Dabei werden keine Versuchstiere mehr benötigt, sondern die Antikörper werden synthetisch zusammengesetzt, so als müsste man die erforderliche Gensequenz nur wie ein Wort oder einen Satz aus Buchstaben zusammenfügen und kopieren. Zur Vervielfältigung setzt man dann Mikroorganismen oder Zellkulturen ein.

Monoklonale Antikörper können auch zur Diagnose von Krebs eingesetzt werden, denn bei Krebserkrankungen werden die Oberflächenstrukturen von Zellen verändert, so dass sie aufgespürt werden können. Hierzu besitzen monoklonale Antikörper Tumormarker, die radioaktiv gekennzeichnet sind. Wenn der Tumormarker auf eine Krebszelle stößt, dockt er dort an. An dieser Stelle des Körpers ist dann die Radioaktivität erhöht, der Arzt kann diesen Bereich gezielt behandeln, etwa durch eine Bestrahlung oder einen gezielten chirurgischen Eingriff. Man versucht gezielt, diese monoklonalen Antikörper weiterzuentwickeln, indem Zerstörungsmechanismen eingebaut werden, welche die Krebszelle vernichten, sobald der Antikörper an sie andockt. Bislang konnte dieses Verfahren nur bei einer Form des Lymphdrüsenkrebses, dem Non-Hodgkin-Lymphom (NHL), eingesetzt werden.

5.3.3   Rekombinante Antikörper

Die Behandlung von Krebs könnte in einigen Jahren deutliche Fortschritte machen. Immerhin ist Krebs in entwickelten Ländern die zweithäufigste Todesursache hinter Herz- und Kreislauferkrankungen. Die Erfolge, die mit Antikörpern erzielt wurden, sind beachtlich, auch wenn bislang nur das Non-Hodgkin-Lymphom behandelt werden kann. Das Behandlungsverfahren gibt es seit 2002 und wird *Rituximab* genannt (die Abkürzung „mab" steht für „monoclonal antibody").

Das Vorgehen ähnelt dem Prinzip einer „Cruise Missile", also einer sich selbst steuernden Rakete mit Zielradar. Die injizierten Antikörper bahnen sich selbstständig den Weg durch den Körper bis zur Krebszelle und zerstören sie.

Der Antikörper vergleicht die Oberflächenstrukturen von Körperzellen, und sobald er den richtigen Fingerabdruck, also ein Krebsmerkmal, gefunden hat, dockt er sich an die Zelle und vernichtet sie, indem er ein Zellgift, meist Ricin, freisetzt, das nur eine einzige Zelle zerstört und das umliegende gesunde Gewebe nicht schädigt. Um eine Krebszelle zu vernichten, genügt ein Molekül des Zellgiftes. Mit Hochdruck wird an dieser Technologie international geforscht, da die Laborversuche sehr vielversprechend sind.

Bislang sind aber die Behandlungsmöglichkeiten noch nicht über das Forschungsstadium hinausgekommen. Die Ursache dafür ist, dass die Verwendung von „Immuntoxinen", wie der Mechanismus genannt wird, noch ungeklärt ist. Es ist noch nicht klar, ob das Ricin problemlos von jeder Krebszelle aufgenommen wird. Dieses starke Zellgift hat aber stets toxische

Auswirkungen auf Nieren und Leber und führt zu heftigen Immunreaktionen im menschlichen Körper, so dass man in der Forschung nach neuen und verträglicheren Möglichkeiten sucht, Krebszellen zu zerstören. Ein Lösungsweg ist die Verwendung körpereigener Immuntoxine. Deren Nachteil besteht darin, dass sie in die Krebszelle eingeschleust werden müssen – ein bloßes Andocken an die Zelloberfläche genügt nicht. Dieses Verfahren wird bei *Rituximab* verwendet.

Ein weiterer Lösungsansatz sind bispezifische Antikörper, die sich noch im Experimentalstadium befinden. Bei diesen Antikörpern gibt es gleichsam zwei „Greifarme" – ein Greifarm enthält das Suchradar und der andere eine Immunzelle. Diese Immunzelle wirkt auf das Immunsystem wie eine Alarmanlage, so dass der Körper sofort Maßnahmen ergreift. Die Krebszelle wird sozusagen durch die Immunzelle, die sich an sie heftet, als gefährlich enttarnt.

> Darüber hinaus kennt man bei vielen Krebsarten die Oberflächenstrukturen der Krebszellen (die Antigene) noch nicht genau. Das ist aber unabdingbare Voraussetzung dafür, dass man zielgenaue Tumormarker entwickeln kann. Es ist noch notwendig, die Zielkoordinaten für die einzelnen Krebsarten genau zu ermitteln. Je schneller die Analyse voranschreitet, desto größer ist die Wahrscheinlichkeit, dass in naher Zukunft viele Krebsarten sicher mit Antikörpern behandelt werden können. Der Durchbruch steht unmittelbar bevor und wird die Krebsforschung zu einem der lukrativsten und gewinnträchtigsten Anwendungsgebiete der Biotechnologie machen.

5.3.4   Gentechnologisch hergestellte Impfstoffe

Den gentechnologisch hergestellten Impfstoffen gehört die Zukunft, da sie eine größere Anwendungsbandbreite erlauben. Der erste gentechnologische Impfstoff kam bereits 1985 auf den Markt und schützte Rinder vor der Maul- und Klauenseuche. 1986 wurde dann erstmals ein gentechnologischer Impfstoff am Menschen erprobt: die Impfung gegen Hepatitis B. Hepatitis B ist eine weitverbreitete Krankheit, an der Hunderte von Millionen Menschen erkranken. Ohne Intensivbehandlung mit Interferon und anderen Medikamenten stirbt rund ein Viertel der Infizierten an Leberzirrhose oder an Leberkrebs, da die Viren Mutationen bei den Leberzellen auslösen können. Die Krankheit wird durch kontaminierte Blutkonserven, durch verunreinigte

Spritzen oder Geschlechtsverkehr übertragen. Medizinisches Personal ist häufig betroffen.

Dank des neuen Impfstoffs konnte die Verbreitung von Hepatitis B in Europa und in Nordamerika drastisch verringert werden; in Entwicklungsländern ist jedoch Hepatitis B noch immer weitverbreitet.

> Der Grund, weshalb für diese Krankheit ein gentechnologischer Impfstoff entwickelt werden musste, liegt darin, dass Hepatitis-Viren sich auf herkömmlichen Nährmedien wie Hühnerembryonen (Hühnereier) nicht vermehren lassen. Deshalb werden die Viren abgetötet und deren Oberflächenstruktur abgelöst. Aus den Merkmalen auf der Oberfläche lässt sich dann ein künstlicher Impfstoff herstellen. Dieses Verfahren hat enorme Vorteile; wenn beispielsweise eine schwere Grippeepidemie ausbricht, dauert die Vermehrung in Hühnerembryonen viel zu lange. Auf konventionellem Weg hergestellter Impfstoff benötigt eine Vorlaufzeit von mindestens einem Jahr.
> Der gentechnologische Impfstoff hingegen wird mit Hilfe von Hefen oder Zellkulturen, die aus Säugetieren stammen, vermehrt. Impfstoffe haben hochkomplexe Strukturen, die von Bakterien nicht mehr produziert werden können.

Ein Sonderfall sind gentechnologisch hergestellte Lebendimpfstoffe. Hierzu verwendet man das Kuhpockenvirus und verändert einen Genabschnitt, indem man dort gleichsam eine Impfinformation aus der Hülle des Krankheitserregers einfügt. Solche gentechnisch veränderten Kuhpockenviren werden zur Bekämpfung der Tollwut eingesetzt; in Ködern werden sie im Wald ausgelegt, um Füchse zu impfen. In Experimenten gelang es bereits, Kuhpockenviren so zu verändern, das sie gegen Grippe, Tollwut und Herpes impfen. Einen ähnlichen Weg beschreitet man bei der Impfung gegen HIV; hierzu wurde ein Schnupfenvirus 2005 so modifiziert, dass es nicht mehr Schnupfen auslöst, dafür aber Teile der Oberflächenstruktur des HI-Virus abbildet und so möglicherweise eine wirksame Immunreaktion fördert.

Der Vorteil dieser gentechnologischen Impfstoffe ist, dass sie die Krankheit nicht auslösen können. Bei Impfstoffen mit abgeschwächten oder vermeintlich abgetöteten Krankheitserregern kam es immer wieder zu Zwischenfällen, wenn das Virus nicht wirklich abgeschwächt oder abgetötet wurde. Die Krankheit konnte dann in vollem Umfang oder mit einem leichteren Verlauf ausbrechen. Bei gentechnologischen Impfstoffen wird nur ein winziger Teil der Virushülle mit einer bestimmten Struktur oder einem Merkmal ausgewählt. Das Immunsystem des Körpers hält bereits diesen kleinen Baustein für einen gefährlichen Eindringling und baut eine entsprechende Reaktion auf. Dieser Teil der Hülle ist für das Immunsystem wie ein „Fingerabdruck" des Virus, der zur Identifizierung ausreicht.

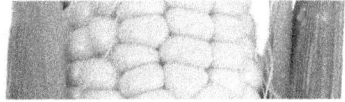

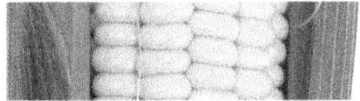

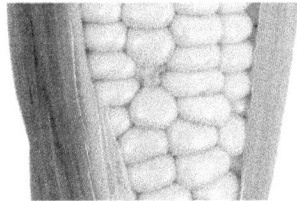

6 Biotechnologie für den Umweltschutz

Die Anwendung der Biotechnologie zur Heilung von Krankheiten ist in der Bevölkerung weithin akzeptiert. Auch ein anderer Bereich findet in der Öffentlichkeit eine positive Resonanz: Biotechnologie für den Umweltschutz.

Auch diese Nutzung ist älter, als man glauben möchte. Der Einsatz von Kläranlagen zur Abwasseraufbereitung setzte bereits Anfang des 20. Jahrhunderts ein. Im Jahr 1905 wurde in Berlin im Stadtteil Wilmersdorf das erste Klärwerk erbaut. Dennoch konnte die Anlage die anfallenden Abwässer nicht vollständig klären; ein Großteil der Berliner Abwässer wurde bis 1985 auf Rieselfeldern ausgebracht, auf denen Gemüse und Obst angebaut wurden. Bei Rieselfeldern sorgen Mikroorganismen im Erdboden für eine Aufbereitung des Wassers.

In England wurde 1894 eine Technologie zur Abwasseraufbereitung entwickelt; dabei setzte man Bioreaktoren ein, die poröses Material wie Schlacke oder Lava enthielten. An diesen Füllstoffen können sich Kolonien von Mikroorganismen bilden wie Pilze, Bakterien, Algen und Einzeller, die dann Verunreinigungen im Wasser durch Essensreste wie Fette, Proteine und Kohlenhydrate abbauen.

Eine andere Technologie ist das heute weitverbreitete Belebtschlammverfahren, das schon vor hundert Jahren eingeführt wurde. In einem Becken sorgen Bakterien und andere Mikroorganismen für den Abbau; um diesen Prozess zu beschleunigen, wird dem Becken Sauerstoff zugeführt, indem es regelmäßig durch Paddel gerührt wird.

6.1   Die Nutzung von Biogas

In Klärwerken entsteht als vermeintliches Abfallprodukt Klärschlamm. Früher wurde dieser auch in der Landwirtschaft zur Düngung eingesetzt, was aber umstritten ist, da er toxische Rückstände enthalten kann. Viel sinnvoller ist es, den Schlamm durch Methanbakterien unter Luftabschluss zu behandeln. Dabei wird Methan freigesetzt. Erdgas besteht zu weit über 90 Prozent aus Methan, so dass das freiwerdende Gas als Brennstoff genutzt werden kann. Schätzungen zufolge produzieren alle Methanbakterien so viel Gas wie jährlich aus den weltweiten Erdgasquellen strömt. Aus dieser Tatsache ergibt sich ein beachtliches Potenzial für die Energiegewinnung durch Biotechnologie.

> Die Methanbakterien, die biologisch genau „Archaebakterien" heißen, gedeihen nur unter Luftabschluss und werden durch Sauerstoff abgetötet. Sie waren in der Evolutionsgeschichte vor den heutigen Bakterien vorhanden, als es auf der Erde noch nicht genügend Sauerstoff gab. Sie können nur in Nischen überleben, in denen kein Sauerstoff vorkommt.

Biogas gilt als ein wichtiger Beitrag zum Umweltschutz; in manchen Ländern der Welt werden große Flächen abgeholzt, um Brennholz zu sammeln, was zur fortschreitenden Verbreitung von Wüsten und zum Klimawandel führt. Abfälle könnten viel sinnvoller genutzt werden, wenn man sie in Bioreaktoren unter Luftabschluss zur Herstellung Methangas verwendete. Der zurückbleibende Faulschlamm könnte als Dünger auf den Feldern eingesetzt werden.

Insbesondere in der Landwirtschaft fällt so viel Gülle an, dass es möglich wäre, daraus große Mengen an Methan zu gewinnen. Bislang wird Biogas in Deutschland nur sehr selten genutzt. Es ist sogar möglich, Methan direkt in das Erdgasnetz einzuleiten. Allerdings sind dafür einige Vorkehrungen notwendig: Das in Reaktoren entstehende Gas besteht nicht nur aus Methan, sondern auch aus anderen Gasen wie Ammoniak und Schwefelverbindungen. In der Praxis müssen Ammoniak und Schwefelgase abgesondert werden, da sie giftig sind und die Umwelt besonders schädigen. Das verbleibende Methangas muss so verdichtet werden, dass es direkt in das Erdgasnetz eingespeist werden kann. Insgesamt ist das Reinigungsverfahren relativ aufwändig, so dass Biogasanlagen keine so große Verbreitung finden werden.

6.2   Biosprit

Als 2008 die Erdölpreise Rekordmarken erreichten, wurde weltweit die Verwendung von Biosprit diskutiert. Brasilien gilt als Vorreiter, denn dort werden Millionen von Autos mit Ethanol angetrieben. Der Anstoß für die Umstellung der Fahrzeuge auf Alkohol kam in dem südamerikanischen Land bereits in den 1970er Jahren, als das Ölembargo eine schwere Energiekrise auslöste. Brasilien hat dank riesiger Zuckerrohrplantagen die Möglichkeit, große Mengen an Ethanol herzustellen.

Insgesamt betrachtet ist der Einsatz von Biosprit umstritten und wird kontrovers diskutiert. Immer größere landwirtschaftliche Flächen werden dafür verwendet, so dass die Preise von Nahrungsmitteln deutlich steigen.

Bei der Herstellung von Ethanol werden Böden durch intensiven Anbau von Zuckerrohr ausgelaugt und geschädigt; die Bodenerosion und die Überdüngung nehmen zu und schädigen zusätzlich das Grundwasser. Die Ethanolproduktion verschlingt enorme Mengen an Wasser. Der Versuch, durch Biosprit von Erdöllieferungen unabhängiger zu werden, erweist sich häufig als Irrweg, zumal eine Autarkie auch bei großen Mengen an Biosprit nicht erreicht werden kann. In manchen Ländern experimentiert man daher mit „Energiebäumen und -wäldern", aber auch diese Ansätze lösen nicht das Grundproblem knapper werdender Energieressourcen.

Holz als Ausgangsprodukt für Biosprit hat den Vorteil, dass es nicht mit dem Nahrungsmittelangebot konkurriert. Die im Holz enthaltene Zellulose ist preisgünstiger als die Ethanolproduktion aus Mais oder Zuckerrohr. Holz kann in der Natur nur schwer von Mikroorganismen abgebaut werden; das ist der Grund dafür dass es als natürlicher Baustoff so weite Verbreitung gefunden hat. Bei der Herstellung von Biosprit stellt dies ein Hindernis dar. Wissenschaftler haben inzwischen eine Pilzart, die häufig vorkommende Weißfäule, gefunden, die in der Lage ist, die Bestandteile des Holzes bis zu 70 Prozent abzubauen.

6.3   Giftabbau durch Bakterien

Einen wichtigen Beitrag zum Umweltschutz leistet die Biotechnologie durch Bakterien, die Erdöl abbauen können. Große Tankerunfälle können ganze Küstenregionen auf Jahre hin verseuchen und ruinieren. Ein massenhaftes Fisch- und Vogelsterben ist die Folge der Ölpest. Trotz strenger Sicherheitsauflagen und doppelwandiger Schiffe kommt es immer wieder zu Havarien. Die Forschung versucht nun, Bakterien zu finden, die effektiv Ölverschmutzungen beseitigen können.

Dieses Verfahren kommt inzwischen auch bei Unkrautvertilgungsmitteln (Herbiziden) zum Einsatz. Während des Vietnamkriegs wurden riesige Mengen an Entlaubungsmitteln, dem so genannten Agent Orange, über dem Dschungel versprüht, um Nachschubpfade aufspüren zu können. Agent Orange enthielt jedoch große Mengen an dem hochgiftigen Dioxin, was zu schweren Krebserkrankungen, Todesfällen und gravierenden Missbildungen führte. Noch heute sind weite Teile der ehemaligen Kriegsgebiete mit Dioxin kontaminiert. Eine Entseuchung würde den vollständigen Abtrag des Erdbodens erforderlich machen, was äußerst kostspielig ist.

Dem indischen Wissenschaftler Ananada Chakrabarty gelang es, Bakterien zu züchten, die solche Herbizide vertilgen können. 1980 erhielt er dafür nach einer Grundsatzentscheidung des Obersten Gerichtshofs in den USA ein Patent; dieses Urteil war ein entscheidender Präzedenzfall, denn bis dahin war es international nicht möglich, Lebewesen patentieren zu lassen. Aufgrund der großen Erfolge wurden auch Mikroben weiterentwickelt, die Erdöl als natürliche Nahrung bevorzugen. Durch Kreuzung verschiedener Bakterienarten konnte man ein Superbakterium entwickeln, das alle Inhaltsstoffe des Erdöls beseitigen kann. Bislang kamen die Mikroorganismen aber nie zum Einsatz, da man befürchtet, dass die Freisetzung von genveränderten Bakterien bedenkliche Folgen haben könnte, wenn einige Mikroben mutieren oder im besten Fall das ökologische Gleichgewicht im Mikrobereich beeinträchtigen. Nach dem jetzigen Stand der Erkenntnis gelten die Bakterien als für den Menschen harmlos und werden von anderen Mikroorganismen im Meer beseitigt. Dennoch könnte natürlich ein ungebremstes Wachstum künstlicher, Öl fressender Bakterien auch Ölquellen ruinieren. Ein solches Schreckensszenario ist bislang aber nur Theorie.

Bei den bisherigen Havarien kamen nur natürliche Bakterien zum Einsatz, die nicht gentechnisch verändert wurden. Um deren Effizienz zu erhöhen und den Abbauprozess zu beschleunigen, muss man zusätzlich Phosphate und Nitrate zuführen. Nur unter diesen idealen Bedingungen arbeiten die Mikroben zuverlässig.

Auch in Deutschland wurden solche Bakterien schon in großem Umfang eingesetzt. Nach der Wiedervereinigung stellte sich heraus, dass viele Grundstücke und Böden in Ostdeutschland durch Schadstoffe wie Öl und Chemikalien kontaminiert waren. Zur umfassenden Bodensanierung wurden speziell gezüchtete Bakterien eingesetzt, die die Schadstoffe entfernen konnten. Solche belasteten Grundstücke stellen ein großes Problem dar, da der Eigentümer in der Regel für die Beseitigung aufkommen muss, auch wenn er den Schaden nicht selbst verursacht hat. Da Kontaminierungen viele Jahrzehnte zurückliegen können, ist den Eigentümern oft gar nicht bekannt, dass der Boden durch Chemikalien belastet ist.

Das Verfahren, bei dem Mikroorganismen Schadstoffe aufnehmen, nennt man Biosorption. Man weiß, dass Schilf, wie es an den Ufern von Seen wächst, Giftstoffe herausfiltern kann. Einige Algen und Kohlpflanzen können sogar hochgiftige Schwermetalle wie Blei oder Kadmium binden.

6.4   Biotechnologischer Bergbau

Was vielen unbekannt ist und wie Sciencefiction anmutet, ist längst Realität: biotechnologischer Bergbau. So kann Kupfer beispielsweise nicht nur im herkömmlichen Bergbau, sondern auch durch Auswaschung gewonnen werden. Kupfer wurde schon seit Jahrtausenden aus Grubenwasser gefördert. Erst vor 30 Jahren entdeckte man, dass bei diesem Verfahren Bakterien beteiligt sind, die eine spezielle Kupferverbindung in eine wasserlösliche Variante überführen. Die Methode wird als Biolaugung (Bioleaching) bezeichnet und wird heute in vielen Ländern wie in den USA, Südafrika oder Kanada eingesetzt. Auch Gold, Kobalt und Nickel können auf diese Weise gefördert werden.

In der Praxis funktioniert dies so: Große Abraumhalden werden mit saurem Wasser besprüht; die Flüssigkeit sickert durch die Steine und nimmt die Bakterien auf, die auf der Oberfläche haften. Diese vermehren sich und lösen den chemischen Umwandlungsprozess aus. Metalle, die in den Steinen enthalten sind, fließen mit dem Wasser nach unten und werden aufgefangen. Aus diesen fällt man das Metall aus.

6.5   Biotechnologie in der Ölförderung

Angesichts versiegender Ölquellen wird die Notwendigkeit, mehr Erdöl zu fördern, immer größer. Die Peak-of-Oil-Theorie geht davon aus, dass im 21. Jahrhundert das schwarze Gold zur Neige gehen wird, was zu epochalen Umwälzungen in der Weltwirtschaft führen wird. Eines Tages wird Erdöl so kostbar sein, dass es für Fahrzeuge und zum Heizen nicht mehr zur Verfügung steht. Schon heute ist das Fördermaximum vieler Ölquellen überschritten. In der Praxis versucht man die Ausbeute zu erhöhen, indem die Fördermenge durch Druck oder die Injektion von Kohlendioxid erhöht wird. Einige Bohrköpfe können sich auch wie eine auf den Kopf gestellte Baumkrone verzweigen und dadurch zusätzliche Reservoire anzapfen. Doch trotz dieser verbesserten Methoden kann eine Ölquelle nie vollständig ausgebeutet werden. Um die Effizienz noch weiter zu verbessern, bedient man sich biotechnologischer Verfahren, die als tertiäre Ölförderung bezeichnet werden. Mit MEOR (*microbial enhanced oil recovery*, mikrobiell gesteigerter Ölförderung) werden der Ölquelle Bakterien hinzugefügt, die die Gase, die sonst in die Quelle gepumpt werden, direkt in der Tiefe produzieren. Andere Bakterien geben am Boden der Ölquelle Tenside ab, wie sie auch in herkömmlichen Waschmitteln verwendet werden. Diese Tenside setzen die Oberflächenspannung von Erdöl herab und können es so aus porösem Gestein herausspülen.

Die Forschung hatte allerdings einige Probleme, geeignete Mikroorganismen zu finden, da Ölquellen sich meist in extremen Klimaten befinden. Die Bakterien müssen sowohl in der saudischen Wüste als auch in der eisigen Kälte Alaskas funktionieren und dürfen nicht auf zu viel Sauerstoff angewiesen sein.

Ein weiterer biotechnologischer Vorstoß ist die Verwendung von Xanthan. Xanthan ist eine Art natürliches Riesenmolekül, das von einer bestimmten Bakterienart gebildet wird. Xanthan wirkt wie ein Füll- oder Verdickungsmittel. Nachdem das Erdöl durch Tenside aus dem Gestein herausgespült wurde, wird es durch Xanthan gleichsam wie eine Soße beim Kochen verdickt, damit es leichter aus der Quelle gepresst werden kann. Xanthan findet aufgrund hoher Produktionskosten noch wenig Einsatz in der Ölförderung, aber in der Lebensmittelindustrie hat es sich bereits durchgesetzt. So werden Nahrungsmittel wie Eis oder Pudding mit Xanthan angereichert, um ihnen einen „fülligen" Geschmack zu verleihen. Xanthan enthält keine Kalorien, da es vom menschlichen Körper nicht verdaut werden kann.

6.6 Die umweltfreundliche Revolution durch Bioplastik

Was in Europa noch wenig verbreitet ist, findet man in Japan bereits überall: Bioplastik. Dieses Material ersetzt den herkömmlichen Kunststoff, der sich in der Natur kaum oder nur schwer abbauen lässt.

Allein die vielen Verpackungen aus Plastik in den Supermärkten führen zu einem gravierenden Entsorgungsproblem. Bioplastik hingegen besteht aus einem Polysaccharid, also einem großen Zuckermolekül mit Traubenzuckerbausteinen. Dieser Riesenzucker kann vom Körper nicht verwertet werden und dient somit zur Eindickung von Nahrungsmitteln. Wesentlich interessanter ist aber Verpackungsmaterial aus Bioplastik. Das wichtigste Produkt heißt Pullulan und hat eine folienähnliche Beschaffenheit. Pullulan wird in Japan mit Hilfe von Pilzen aus Zucker hergestellt. Pullulan ist eine luftdichte Folie, die sich aber in heißem Wasser auflöst und biologisch abbaubar ist.

Der Erforschung von Bioplastik wird eine große Zukunft vorhergesagt. Ein ebenso interessantes Material ist PHB, das ebenfalls aus Zucker mit Hilfe von Bakterien hergestellt wird. PHB oder Biopol® erreicht ähnlich stabile Eigenschaften wie Kunststoffe und lässt sich zu Gebrauchsgegenständen des Alltags formen. PHB ist bis zu einer Temperatur von 180 Grad Celsius stabil und wird biologisch problemlos abgebaut. Aufgrund dieser Eigenschaften kommt PHB auch in der Medizin zur Anwendung. Bei einem chirurgischen Eingriff werden die Schnitte mit einem PHB-Faden vernäht, der sich von selbst auflöst. Auch Medikamente werden mit PHB ummantelt, damit sie die Wirkstoffe kontrolliert und mit Depotwirkung abgeben, so dass Patienten nur einmal am Tag eine Tablette einnehmen müssen.

PHB erweist sich als interessanter Kunststoffersatz; bislang sind jedoch die Produktionskosten zu hoch, um Bioplastik in vielen Anwendungsgebieten einzusetzen. Zurzeit wird mit transgenen Pflanzen experimentiert, die Bioplastik kostengünstiger herstellen können.

Ein weiterer Biokunststoff ist PLA (Polylactat), das aus Mais hergestellt wird. Dieser Biokunststoff hat den Vorteil, das er transparent ist und sich zu dünnen Folien auswalzen lässt. Auch für kompaktere Gegenstände eignet er sich. So gibt es in Japan bereits CDs, Fußmatten und Reifen aus PLA. Zurzeit ist Bioplastik etwa dreimal so teuer wie Kunststoff aus Erdöl. Dennoch gewinnt dieses Marktsegment immer mehr an Bedeutung, und die Produktionskosten sinken mit der Massenproduktion stetig.

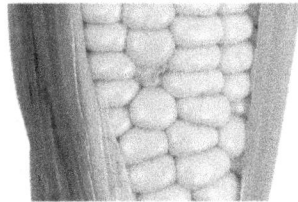

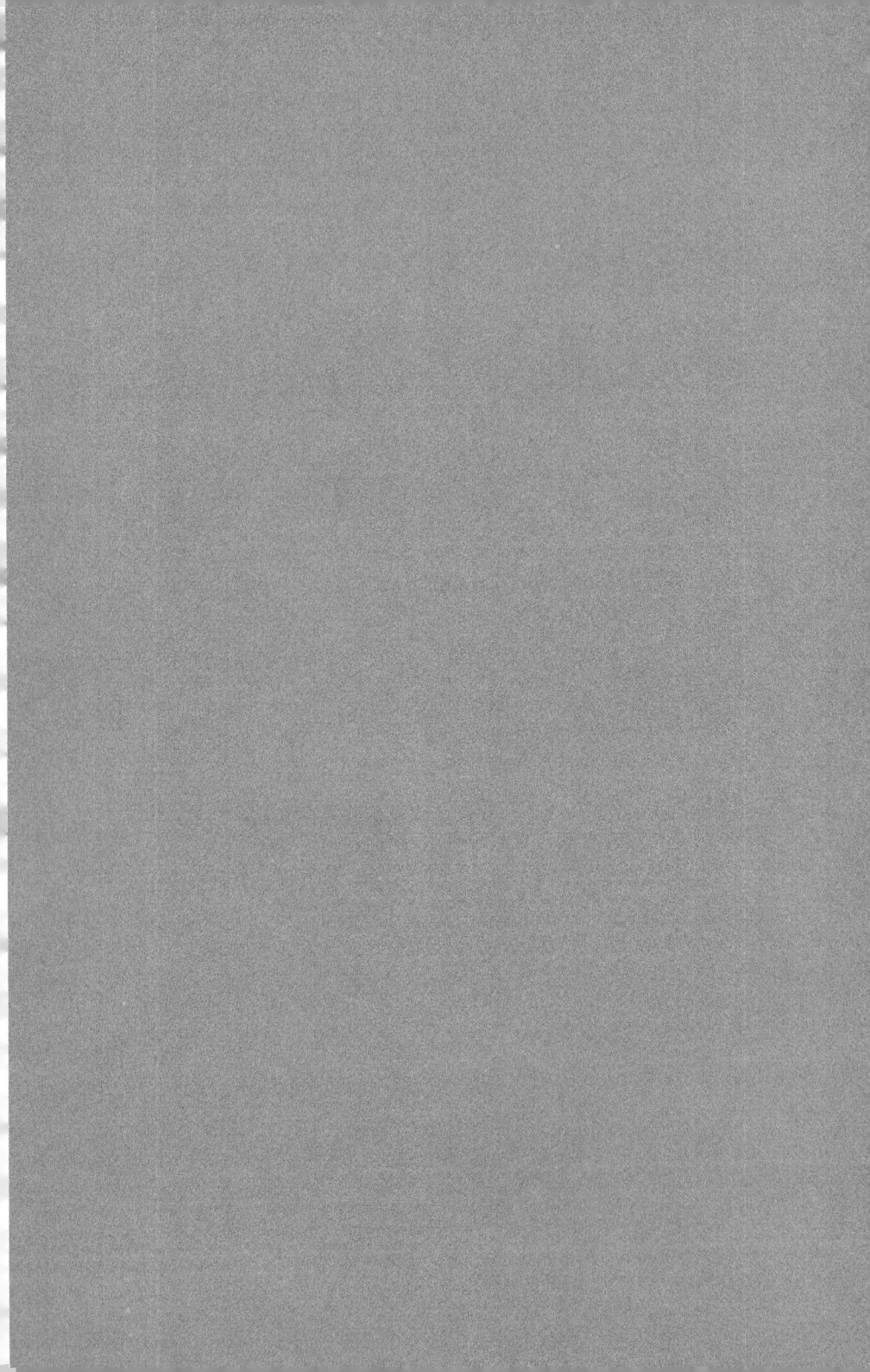

7   Grüne Biotechnologie

Anders als der Einsatz der Biotechnologie in der Medizin wird die grüne Biotechnologie weitaus kontroverser diskutiert, denn sie bezieht den Agrarsektor und die gentechnologische Veränderung von Lebensmitteln mit ein.

Eine der Anwendungen der grünen Biotechnologie ist die Herstellung neuer Nahrungsmittel. Bei der Produktion von tierischer Nahrung werden große Energieressourcen benötigt, die als Futter an die Tiere verfüttert werden. Die Energieausbeute ist wesentlich schlechter, als wenn der Mensch sich ausschließlich vegetarisch ernähren würde. Deshalb wurde schon oft nach Ersatznahrungsmitteln wie Algen gesucht. Aufgrund kulturell bedingter Ernährungsgewohnheiten ist die Akzeptanz aber relativ gering. In Nigeria werden beispielsweise traditionell getrocknete Algen mit dem Namen Spirulina gegessen, die zu Gemüse oder Hirse serviert werden. In Europa und Nordamerika setzte sich die Alge als Diätnahrung durch, da sie vermutlich den Cholesterinspiegel senken kann und viele Vitamine enthält.

Industriell bedeutsam ist Alginat, das bereits seit 1921 in Kalifornien hergestellt wird und zum Eindicken von Lebensmitteln dient. Intensiv genutzt wird in Labors auch Agar, eine Alge, die ein Gel bildet und vor allem zur Anzüchtung von Mikroorganismen in Petrischalen verwendet wird.

In Japan und in China sind Algen als Beilagen bei Mahlzeiten weitverbreitet.

Algenfarmen befinden sich bereits im Experimentalstadium und werden zumindest für einen Teil der Weltbevölkerung eine Nahrungsalternative sein. Aufgrund der Bodenerosion und der Ausdehnung der Wüsten gibt es immer weniger landwirtschaftlich nutzbare Flächen. Algen haben den Vorteil, dass sie ihre Masse innerhalb von sechs Stunden verdoppeln können. Ein Kalb benötigt dazu immerhin zwei Monate. Die Alge Spirulina ist nicht nur viel günstiger als Weizen zu produzieren, sie enthält auch wesentlich mehr Proteine.

Eine noch größere Bedeutung haben Mikroorganismen wie Bakterien und Hefen, die in noch kürzerer Zeit essbare Biomasse bereitstellen. In Kriegszeiten wurde Wurst beispielsweise mit Bäckerhefe aufgefüllt, oder Hefeflocken wurden direkt verzehrt. Der Vorteil der Hefe besteht darin, dass sie alle möglichen Arten von Zuckern, die für den Menschen nicht genießbar sind, in Proteine umwandeln kann.

> Eines der Hauptanwendungsgebiete der grünen Biotechnologie ist aber der Ackerbau. In diesem Bereich geht es darum, die Produktionskosten in der Landwirtschaft deutlich zu senken. In 20 Jahren wird der Globus von mehr als 8 Milliarden Menschen bevölkert sein; daher sind Produktivitätssteigerungen in der Agrarwirtschaft unerlässlich, zumal der Nahrungsbedarf in den Schwellenländern aufgrund des höheren Lebensstandards kontinuierlich steigt.

In den 1960er und 1970er Jahren wurden Produktivitätssteigerungen noch durch eine Verbesserung des Saatguts erreicht. Die Folgen waren indes, dass die Ansprüche der Nutzpflanzen enorm zugenommen haben. Ertragreiche und einwandfreie Ackerböden, optimale klimatische Bedingungen und angepasste Düngemittel sind Grundvoraussetzungen für das Gedeihen der hochgezüchteten Pflanzen.

Die grüne Biotechnologie hat sich zum Ziel gesetzt, Pflanzen gentechnisch so zu verändern, dass ihr Protein- und Vitamingehalt deutlich steigt, die Resistenz gegen Schädlinge verbessert wird und auch unwirtliche Rahmenbedingungen wie raues Klima, Trockenheit und salzige Böden der Pflanze nichts anhaben können.

In der Zucht werden Pflanzen vor allem vegetativ und nicht durch Samen vermehrt, da alle Sprösslinge dieselben genetischen Merkmale aufweisen. Leider ist es nicht bei allen Pflanzen möglich, durch Stecklinge neue Pflanzen zu kultivieren.

Die Biotechnologie kann auch in diesen Fällen für Abhilfe sorgen. In der Pflanzenzucht ist die Mikrovermehrung bereits heute Standard, und fast alle Zimmerpflanzen, die im Handel angeboten werden, werden durch Mikrovermehrung gezüchtet. Dabei wachsen einzelne Pflanzenzellen in einem speziellen Nährmedium. Dies ist möglich, da viele Zellen die erstaunliche Fähigkeit besitzen, zu einer vollständigen Pflanze heranzureifen, so dass man jederzeit Ableger einsetzen kann, die nichts anderes als Klone sind. Diese Fähigkeit nennt man Totipotenz. Bei einigen Pflanzen ist dieses Potenzial nicht mehr vorhanden; aber anders als bei Tieren und beim Menschen können diese bereits differenzierten und ausgewachsenen Pflanzenzellen gleichsam durch einen „Reset"-Vorgang oder „Neustart" in ihren ursprünglichen Zustand der Totipotenz versetzt werden. Der Auslöser für das Wachstum sind pflanzenspezifische Wachstumshormone (Phytohormone), die man dem Nährmedium beifügen kann. Es wird zwischen Auxinen, die das Wurzelwachstum anregen, und Cytokininen unterschieden, die zur Ausbildung von Sprösslingen führen und die Wurzelzunahme hemmen.

7.1   Das Klonieren von Pflanzen

Anders als bei Tieren ist das Klonieren von Pflanzen eine jahrhundertealte und alltägliche Technik. Ableger wurden schon immer von den Menschen genutzt, um eine Pflanze zu vermehren. Eine Pflanze kann sich geschlechtlich durch Bestäubung oder vegetativ durch Ableger verbreiten. Die vegetative Vermehrung hat für die grüne Biotechnologie eine entscheidende Schlüsselrolle, denn alle Nachkommen, die aus einem Ableger hervorgehen, sind genetisch identisch und damit Klone. Hierzu verwendet man Teilungsgewebe (Meristeme), das aus dem Spross, der Wurzel oder einzelnen Knospen entnommen wird. Dieses Gewebe wird in speziellen Nährmedien herangezogen und kann ab einer bestimmten Größe wiederum, ohne der Pflanze zu schaden, geteilt werden.

Die frühesten Pflanzenzüchtungen begannen mit seltenen oder kostbaren Blumen wie Orchideen oder Lilien. Inzwischen stehen aber Nutzpflanzen wie Kartoffeln, Mais, Bananen oder Sojabohnen im Mittelpunkt der Forschung. Durch das Klonieren konnten besonders ertragreiche Ölpalmen aus Zellkulturen gewonnen werden, deren Ölertrag um fast ein Drittel höher ist. Auch die Zahl der Erdbeersorten konnte durch die Nutzung des Teilungsgewebes auf eine halbe Million gesteigert werden.

Eine andere Methode, um Klone zu erhalten, ist die Nutzung von Staubbeuteln der Pflanze. In den Staubbeuteln befindet sich nur der halbe Chromosomensatz (haploider Chromosomensatz), da bei der Befruchtung ein zweiter Chromosomensatz hinzugefügt wird. Erstaunlicherweise kann man Pflanzen auch ohne Befruchtung aus dem halben Chromosomensatz heranzüchten. Dadurch erhält man einen genetisch einwandfreien Klon. Diese Technik der so genannten Haploidenkulturen wird insbesondere bei Kartoffeln, Gerste und Raps eingesetzt.

Eine dritte Methode, um aus Pflanzen Klone zu erzeugen, besteht darin, Wundgewebe zu verwenden. Manche Pflanzen, die verletzt wurden, bilden ein wucherndes Gewebe zum Schutz aus, das als Kallus bezeichnet wird. Diese Gewebe kann in Nährflüssigkeit vermehrt und durch Pflanzenhormone zur Ausbildung von vollständigen Pflanzen angeregt werden. Ein ähnliches Verfahren geht von Protoplasten aus. Protoplasten sind Pflanzenzellen, denen die Zellwand durch Enzyme entfernt wurde. In einem geeigneten Nährmedium bilden Zellen neue Wände aus und beginnen, sich zu vermehren und Sprosse auszubilden. Protoplasten können leicht miteinander verschmolzen werden, da die trennende Zellwand fehlt. Auf diesem Weg gelang es Wissenschaftlern in Tübingen bereits 1977, eine Zelle der Tomatenpflanze mit einer Kartoffelzelle zu verschmelzen. Dieses Verfahren wird somatische Hybridisierung oder Protoplastenfusion genannt. Die damals entstehende „Tomoffel" oder „Tomatoffel" wurde allerdings in kommerzieller Hinsicht ein Misserfolg. Denn die Pflanze brachte weder Kartoffeln noch Tomaten hervor. Erst 1994 gelang es, eine solche Pflanze zu erzeugen, die gelbe Blüten aufwies.

Die Protoplastenfusion ermöglicht es, Pflanzen miteinander zu kreuzen, die genetisch kaum miteinander verwandt sind. Inzwischen wird das Verfahren systematisch eingesetzt, und es gelang auch schon, Kartoffeln durch solche Kreuzungen gegen Frost zu schützen.

Protoplasten sind dabei für die grüne Biotechnologie von entscheidender Bedeutung, denn mit ihrer Hilfe würden sich Pflanzen als Zellen auch in einem geschlossenen Bioreaktor nutzen lassen. In Japan gelang der Durchbruch 1985, als Shikonin auf den Markt kam. Shikonin ist der Inhaltsstoff der chinesischen Shikonin-Pflanze, die seit Jahrtausenden als Heilmittel eingesetzt wird. In der traditionellen chinesischen Medizin wurde Shikonin gegen Entzündungen verwendet. In der Neuzeit war die Substanz vor allem wegen ihres roten Farbstoffs äußerst begehrt, der in Lippenstiften zum Einsatz kam. Die Pflanze benötigt aber bis zu sieben Jahre, um genügend Shikonin in den Wurzeln zu bilden. Der Preis für ein Kilogramm des roten Farbstoffs lag in den 1980er Jahren bei über 4.500 US-Dollar. In Tokio wurde dann Mitte der 1980er Jahre der Farbstoff durch Protoplasten in Bioreaktoren hergestellt, wo die Pflanzenzellen wuchsen. Shikonin wurde im Handel zum Verkaufsschlager, da das Produkt als Biolippenstift angepriesen wurde.

Die Nutzung von Pflanzenzellen in Bioreaktoren gilt als wichtiger Meilenstein in der Biotechnologie, und zurzeit werden weitere Anwendungsmöglichkeiten erforscht. Insbesondere wichtige Arzneimittelpflanzen stehen im Mittelpunkt der wissenschaftlichen Forschung.

7.2   Arzneimittel aus Pflanzen

Arzneimittel aus Pflanzen spielen eine entscheidende Rolle – nicht nur aufgrund der großen Popularität der Naturheilkunde und der alternativen Medizin in der Bevölkerung; einige Pflanzen enthalten hochwirksame Substanzen, die bei der Behandlung von Kranken unentbehrlich sind.

Eines der wichtigsten Arzneimittel ist das Aspirin, das seit über hundert Jahren chemisch hergestellt wird und das erste synthetische Medikament war, das auf den Markt kam. Der Wirkstoff Salizylsäure wurde aber bereits vorher verwendet; man hatte schon früher entdeckt, dass zerstoßene Weidenrinde gegen Fieber, Entzündungen und Schmerzen half. Aus der Weidenrinde konnte man dann die Salizylsäure als den eigentlichen Wirkstoff extrahieren.

Da Salizylsäure eine einfache chemische Struktur hat, lohnt sich die biotechnologische Herstellung nicht. Bei anderen pflanzlichen Arzneimitteln ist dies jedoch interessant. Ein besonders wichtiges, seit Jahrhunderten eingesetztes Medikament gegen Herzschwäche ist Digoxin oder Digitoxin. Es handelt sich um einen Wirkstoff, der aus der Giftpflanze Roter Fingerhut stammt, die auch in vielen Gärten angebaut wird. Da mit der Überalterung der Bevölkerung Herzkrankheiten sprunghaft zunehmen, müssen immer größere

Felder mit Fingerhut angebaut werden, um genügend Digoxin zu gewinnen. Die chemische Synthese wäre noch aufwändiger. Ein Ausweg könnten Bioreaktoren mit Zellkulturen der Pflanze sein. Erste Versuche sind bereits gestartet worden.

Ein weiterer interessanter Wirkstoff ist Huperzin A, das in der chinesischen Medizin gegen Alzheimer eingesetzt wird. Der Wirkstoff wurde bislang aus einem Bärlapp gewonnen, der nur in chinesischen Gebirgsregionen heimisch ist. Aufgrund der hohen Nachfrage wurde die Pflanze fast ausgerottet. Inzwischen forscht man an der Universität Freiburg intensiv an der Möglichkeit, den Wirkstoff aus Zellkulturen herzustellen.

Das Verfahren hat eine bedeutsame Zukunft, da es mit Zellkulturen möglich ist, landwirtschaftliche Flächen für den Anbau von Lebensmitteln freizugeben, eine höhere Ausbeute zu erreichen und seltene Pflanzen vor dem Aussterben zu schützen.

7.3   Genveränderte Pflanzen

Die genetische Veränderung von Pflanzen soll dazu dienen, optimale Gewächse zu erzeugen, die auch widrigsten Bedingungen trotzen und eine hohe Produktivität erzielen. Die Gentechnik kann so hier in kürzester Zeit Veränderungen bewirken, die durch natürliche Pflanzenzüchtung viele Generationen benötigen. Die Gentechnik führt zu einer drastischen Beschleunigung der Evolution durch die Intervention des Menschen.

Als die grüne Gentechnologie noch am Anfang stand, war es nicht ohne Weiteres möglich, gezielte Genmutationen vorzunehmen. Der Durchbruch gelang allerdings mit Hilfe eines Schädlings. Die Mikrobe Agrobacterium tumefaciens löst bei Pflanzen eine Art Krebswucherung aus, die dadurch zustande kommt, dass das Bakterium seine eigenen Gene in die Pflanze schleust. Dieses Phänomen wurde bereits 1907 entdeckt. Für die Genforscher war dies jedoch eine raffinierte Möglichkeit, fremde Gene in eine Pflanze einzubringen. 1983 gelang es, die Gene des Bakteriums auszuschalten, die es für die Herstellung eigener Stoffwechselprodukte benötigt. Stattdessen konnte man nun beispielsweise eine größere Resistenz gegen Unkrautvertilgungsmittel einfügen. Dies erlaubt es den Landwirten, größere Mengen an Herbiziden einzusetzen, um Unkraut vollständig zu bekämpfen, was aber kontrovers diskutiert wird.

Der Ansatz, solche Bakterien als „Gentaxis" bei Pflanzen einzusetzen, scheitert jedoch bei einkeimblättrigen Pflanzen, die kaum von solchen Mikroben infiziert werden. Zu diesen Pflanzen zählen die meisten Getreidearten, die auf dem Weltmarkt eine herausragende Stellung haben. Um solche Pflanzen gentechnisch zu verändern, entwickelte man an der Cornell University im Bundesstaat New York eine neuartige Methode, die als biolistischer Gentransfer bezeichnet wird.

Der Mechanismus ist revolutionär: Die fremde Gensequenz wird mit Hilfe einer „Kanone" ins Innere der Zelle geschossen. Hierzu werden die Gene auf Gold- oder Wolframteilchen aufgetragen, die als Projektil dienen und die Zellwand durchschlagen sollen. Dieses Verfahren lässt sich auch bei Tierzellen anwenden.

Die ersten Experimente mit genveränderten Pflanzen (transgenen Pflanzen) bezogen sich auf die Herbizidresistenz. Dadurch sollte es den Landwirten ermöglicht werden, noch wirksamere Unkrautvertilgungsmittel einzusetzen, ohne den Nutzpflanzen zu schaden. Der Einsatz transgener Pflanzen stößt bei Umweltschützern auf entschiedene Kritik und heftigen Widerstand, zumal der vermehrte Einsatz von Herbiziden zur Umweltverschmutzung beitragen kann. Dennoch konnte sich der Anbau von genveränderten Pflanzen in einigen Ländern durchsetzen. In den USA werden bereits großflächig transgene Pflanzen wie Raps, Baumwolle, Kartoffeln, Mais, Tomaten und Sojabohnen angebaut und genutzt. Diese Pflanzen tragen Gene in sich, die gegen Schädlinge schützen und Herbizide in großen Mengen tolerieren.

Pflanzen mit einer solchen Resistenz verkraften auch den Einsatz von Totalherbiziden, die ausnahmslos alle Unkräuter vernichten können. Hierzu gehört der Wirkstoff Glyphosphat, der ein pflanzeneigenes Enzym, die EPSP-Synthase, schädigt. Durch Genmanipulation konnte erreicht werden, dass die Pflanzen eine größere Menge an dem Enzym herstellten und so die Anwendung des Herbizids aufgrund des größeren Vorrats überstehen konnten.

Ein anderer Ansatz besteht darin, Pflanzen mit Mechanismen auszustatten, die die Herbizide abbauen. Das weitverbreitete Herbizid PPT (Phosphinothricin) blockiert die Herstellung der Aminosäure Glutamin, was dazu führt, dass sich in der Pflanze giftiges Ammoniak anreichert. Aus Bakterien konnte man eine Gensequenz herausfiltern, die PPT unschädlich machen kann. Diese Gene wurde Pflanzen wie Kartoffeln und Raps eingefügt, so dass diese das Herbizid selbstständig abbauen können.

7.4   Biotechnologische Insektizide

Ein großes Problem in der Landwirtschaft ist der Befall der Nutzpflanzen durch Insekten, die große Anbauflächen ruinieren können. In Europa wird im Durchschnitt ein Drittel der Ernte durch Insekten vernichtet. Darüber hinaus sind natürlich Insekten auch an der Verbreitung von Krankheiten beteiligt; immerhin ist Malaria, die durch die Anopheles-Mücke übertragen wird, die mit Abstand häufigste Krankheit der Welt, die Millionen von Todesopfern fordert. Ähnlich gefährlich ist die in Afrika verbreitete Schlafkrankheit, die durch die Tsetsefliege übertragen wird.

Der Versuch, Insekten gezielt mit chemischen Mitteln zu vernichten, schlug fehl. In den 1950er Jahren hatte man noch die Hoffnung, die Malaria durch den breiten Einsatz des inzwischen verbotenen DDT zurückzudrängen. Insektizide sind nicht ungefährlich und gefährden nicht nur schädliche Insekten, sondern auch Bienen. In Tieren wie Vögeln oder Fischen können sich Insektizide anreichern und über diesen Kreislauf in den Menschen gelangen.

Die Biotechnologie hat neue Möglichkeiten entdeckt, Insekten auf andere Weise zu bekämpfen. Beispielhaft sind Bakterien, die Raupen befallen. Der aus Thüringen stammende Bacillus thuringiensis besitzt diese Eigenschaft. Die Mikroben befallen die Raupen von Insekten und vernichten sie. Die Bakterien werden kommerziell in Bioreaktoren vermehrt und kommen als Bt-Toxin auf den Markt. Mit ihnen kann man beispielsweise Kartoffelkäfer unschädlich machen. Es wurden immer neue natürlich vorkommende Bakterienstämme entdeckt, die gezielt gegen Ungeziefer eingesetzt werden können. Mit diesen natürlichen Feinden kann man heute schon Baumschädlinge wie den Eichenwickler, Hausfliegen, Stechmücken und Spinnen bekämpfen. Bt-Toxin ist für Säugetiere, Fische und Menschen unbedenklich, und auch Bienen kommen nicht zu Schaden.

Der nächste Schritt in der Biotechnologie bestand darin, die Gensequenz der Bakterien, die für die Produktion des Giftstoffes verantwortlich ist, in Pflanzen einzufügen. Als Gentaxi diente das bereits erwähnte Agrobacterium. Der Versuch gelang, und inzwischen ist in den USA der Anbau von Bt-Mais weitverbreitet. Der Mais zerstört Insekten durch das Bakterientoxin. Besonders bei Mais lohnt sich dieses Vorgehen, da Maisernten häufig durch den Schädling Maiszünsler vernichtet werden. Das Gen konnte mittlerweile auch in Tomaten, Kartoffeln, Pappeln, Tabak und Baumwolle integriert werden.

In vielen Ländern stößt jedoch der Anbau von genverändertem Mais auf energischen Widerstand. In den USA müssen aus Sicherheitsgründen neben Feldern mit genverändertem Bt-Mais herkömmliche Maissorten angebaut werden, damit die Insekten auf diese Flächen ausweichen und so keine Resistenz entwickeln können.

7.5 Neue Anwendungen für transgene Pflanzen

Um festzustellen, ob in einer Pflanze ein Gen an- oder ausgeschaltet wurde, entwickelte man einen verblüffenden „Lichtschalter". Glühwürmchen benutzen zum Leuchten ein Enyzm, die Luciferase. Wissenschaftlern ist gelungen, Tabakpflanzen dazu zu bringen, Luciferase zu bilden. Pflanzen, bei denen das Gen wirksam eingeschleust wurde, beginnen zu leuchten. Dieses Verfahren ist sehr wichtig, denn es dient dazu, den Gentransfer sicher nachzuweisen.

Die Genmanipulation bei Pflanzen findet bereits heute vielseitige Anwendung. Bei vielen Blumen konnte die natürliche Farbe geändert werden – so gibt es beispielsweise blaue Nelken, die in der Natur nicht vorkommen. Dazu wurde eine Gensequenz aus der Petunie in das Erbgut der Nelken eingeschleust. Im Augenblick arbeitet man an der Züchtung blauer Rosen durch Genmanipulation.

Die mit Abstand am häufigsten genmanipulierte Pflanze ist die Tomate. So wurde die Anti-Matsch-Tomate kreiert, die sich durch eine langsamere Reifung und eine dickere Haut auszeichnet. Besonders in der Ketchup-Herstellung kommt ihr eine Schlüsselrolle zu. Sie war das erste genveränderte Lebensmittel, das 1992 zugelassen wurde. Der kommerzielle Erfolg war jedoch eher bescheiden, da die Verbraucher skeptisch blieben und der Ertrag der Tomatensorte unterdurchschnittlich war.

Experimentiert wird auch mit Kartoffeln, die man durch genetische Veränderungen mit Ballaststoffen (so genannten Fructanen) anreichern will. Raps und Sojabohnen wurden genetisch so verändert, dass sie höhere Nährwerte aufweisen. In einigen Sorten konnte man auch die Bildung von Laurinsäure erreichen; diese ist ein wichtiger Ausgangsstoff für die Herstellung von Waschmitteln und kam bislang nur in Palmöl vor.

Weitere Forschungsprojekte befassen sich mit Zuckerrüben, die gegen Virusinfektionen geschützt werden sollen, und mit der Bekämpfung der Kartoffelfäule, die im 19. Jahrhundert in weiten Teilen Europas große Hungernöte auslöste. Auch Weintrauben wurde schon genetisch verändert, denn gerade im Weinbau kommt es zu schweren Schäden durch Pilzbefall, was besonders die Rebsorten Riesling und Chardonnay betrifft. Seit 1999 werden auch in Deutschland transgene Weintrauben kultiviert.

An der Eidgenössischen Technischen Hochschule (ETH) in Zürich und an der Universität Freiburg ist es gelungen, „Goldenen Reis" zu züchten, der eine Vorstufe des Vitamins A enthält. In vielen Entwicklungsländern ernähren sich die ärmsten Bevölkerungsschichten nur von Reis, der kaum Vitamin A enthält, was langfristig zu Sehstörungen oder sogar zur Erblindung führen kann. Die neue Reisvariante verhindert den Vitamin-A-Mangel. Die Forscher haben die neue Reissorte zur Benutzung freigegeben, und man hat gegenüber Kleinbauern auf die kommerzielle Verwertung und auf die Entrichtung von Lizenzgebühren verzichtet.

7.6   Gene Pharming

Die Nachfrage nach Proteinen, Medikamenten und Hormonen steigt ständig. Die bisher übliche Produktion in Bioreaktoren mit Hilfe von Mikroorganismen kann diese Nachfrage nicht mehr befriedigen, so dass die Forschung immer mehr dazu übergeht, die Herstellung solcher Wirkstoffe in transgenen Pflanzen und Tieren voranzutreiben, zumal diese Lebewesen viel besser kontrolliert werden können als Mikroorganismen. Diese Verfahren nennt man Gene Pharming, und am aussichtsreichsten ist das Potenzial genveränderter Pflanzen.

> Gewächshäuser werden im Gartenbau schon lange eingesetzt und sind deshalb kostengünstig. Zellkulturen im Labor kosten mehr als das Hundertfache. Bioreaktoren müssen hohe Sicherheitsstandards erfüllen und benötigen eine entsprechend lange Vorlauf- und Planungszeit. Transgene Pflanzen sind der vorteilhafteste Weg, um Wirkstoffe und Medikamente billig herzustellen.

Es wurden bereits große Fortschritte erzielt; so ist es möglich, Impfstoffe aus genveränderten Kartoffeln oder Bananen zu gewinnen. Antikörper können in Pflanzen vermehrt werden – sie werden als „Plantibodies" bezeichnet. Mit genveränderten Kartoffeln, die das Antigen eines Darmbakteriums enthalten, kann gegen Durchfall vorgebeugt werden. Es gibt Versuche, mit solch veränderten Pflanzen Karies zu bekämpfen.

Das Potenzial von transgenen Pflanzen wird sehr hoch eingestuft, da Pflanzen gut zu kontrollieren sind, eine hohe Wirkstoffausbeute ermöglichen und leicht zu kultivieren sind. Gefahren ergeben sich nur, wenn transgene Früchte aus Versehen in den normalen Handel gelangen und beispielsweise Impfstoff-Bananen wie normales Obst verzehrt werden oder wenn die Pflanzen sich in der Natur mit verwandten Gewächsen durch Pollenflug kreuzen.

Als Pflanzen für das Gene Pharming werden vor allem Tabak, Moose und Mais eingesetzt. Um zu verhindern, dass die neuen Gene auf andere verwandte Pflanzen überspringen, werden die Gene nur temporär eingebaut und nicht in das Erbgut der Zelle integriert. Um zu erkennen, ob die Pflanze, die fremde Gensequenz in die Zelle aufgenommen hat, werden Biomarker wie der Leuchteffekt eingesetzt.

Bislang ist noch kein Medikament auf dem Markt, das durch Gene Pharming aus genveränderten Pflanzen gewonnen wird. Die Marktreife steht aber unmittelbar bevor.

7.7   Klimaresistente Pflanzen

Ein Durchbruch auf diesem Gebiet war die Entwicklung der Anitfrostbakterien. 1987 wurde in den USA der erste Freilandversuch genehmigt. Zuvor hatte man entdeckt, dass bei der Vereisung Bakterien eine entscheidende Rolle spielen. Absolut reines, destilliertes Wasser friert nicht – wie in der Schule den meisten beigebracht wurde – bei 0 Grad Celsius, sondern erst bei minus 15 Grad Celsius. Der Grund, weshalb das Wasser unter normalen Umständen früher zu Eis wird, liegt daran, dass Verunreinigungen zu mikroskopisch kleinen Kristallisationspunkten werden, an denen sich Eiskristalle anlagern. Bakterien sind sozusagen daran schuld, dass sich Eis bildet. Die wichtigste Art ist Pseudomonas syringae. Sie ist harmlos und kommt in der Natur überall vor. Wenn die Bakterien auf den Pflanzen abgetötet wurden, bildeten sich weniger Eiskristalle, und die Pflanzen konnten auch härteren Frost überstehen. Bei der Erforschung dieser Frostbakterien stellte man fest, dass ein bestimmtes Protein an der Oberfläche die Bildung von Eiskristallen förderte. Durch Genmanipulation gelang es, die Proteinsynthese zu unterbinden. Im Laborversuch schützten die gentechnisch veränderten Bakterien die Pflanzen nun vor Eisbildung und Frost. Trotz der Freilandversuche, die die Harmlosigkeit der ausgesetzten Bakterien unter strengen Sicherheitsvorkehrungen bewiesen, ist die Ablehnung sehr groß.

Die Erforschung der natürlichen Frostbakterien führte dennoch zu einem erstaunlichen kommerziellen Erfolg. Nachdem bewiesen worden war, dass diese Bakterien als Kristallisationspunkt für das Eis dienen, begann man, die natürlich vorkommenden Frostbakterien in Bioreaktoren systematisch zu vermehren. Unter dem Namen „Snowmax" kommen sie in Schneekanonen zum Einsatz und ermöglichen die Erzeugung von beständigem Schnee auch bei wärmeren Temperaturen. Erstmals wurden die Frostbakterien bei der Winterolympiade 1988 im kanadischen Calgary eingesetzt. Wegen der Klimaerwärmung sind viele Skigebiete in den Alpen und in der Schweiz gefährdet. Selbst in höheren Lagen verkürzt sich die Skisaison immer mehr. Deshalb wurde in der Schweiz „Snowmax" nach einer langen, kontroversen Debatte bereits 1997 genehmigt, um die Effizienz von Schneekanonen zu steigern.

7.8   Transgene Tiere und Klone

Transgene Tiere und Klone sind in der Öffentlichkeit sehr umstritten. Der Versuch, Tiere durch gezielte Zucht zu verbessern und deren Leistungsfähigkeit zu erhöhen, wurde bereits im 18. Jahrhundert praktiziert, als man die künstliche Besamung (Insemination) einführte. Perfektioniert wurde diese Technik in den 1950er Jahren, als man Sperma in flüssigem Stickstoff aufbewahren konnte. Von dieser Technologie war es nur noch ein kleiner Schritt, um das Verfahren weiterzuentwickeln.

Viele Säugetiere bringen nur eine begrenzte Anzahl von Jungtieren jährlich zur Welt. Für eine erfolgreiche Zucht werden jedoch mehr Nachkommen benötigt, um den finanziellen Aufwand zu rechtfertigen. Die Hormonbehandlung ermöglichte es, die Zahl der Nachkommen deutlich zu erhöhen. Die Vielzahl der dabei gewonnen Embryonen kann man für längere Zeit in flüssigem Stickstoff einfrieren und so konservieren.

Ein Meilenstein in der Reproduktionsbiologie war auch die künstliche Befruchtung im Reagenzglas (In-Vitro-Fertilisation). Der Embryo wird dann in eine Leihmutter eingepflanzt.

Ein weiterer Durchbruch ist die Pränatale Implantationsdiagnostik (PID). Dabei wird den befruchteten Eizellen im Acht-Zell-Stadium eine Zelle mit einem Mikromanipulator entnommen. Deren Genmaterial kann dann auf Erbkrankheiten untersucht werden. In der Viehzucht lassen sich so besonders leistungsfähige Milchkühe oder Bullen gewinnen, und es ist auch möglich, Tierembryonen nach Geschlecht zu sortieren. Beim Menschen ist Pränatale Implantationsdiagnostik genauso möglich – sie wird in vielen Ländern jedoch komplett oder zumindest teilweise gesetzlich eingeschränkt.

Die Reproduktionsbiologie kann dazu beitragen, seltene Tiere vor dem Aussterben zu bewahren. Da bei manchen Tieren die Paarungsbereitschaft gering entwickelt ist, sind sie vom Aussterben besonders bedroht. Im Reagenzglas befruchtete

Eizellen können einer Leihmutter eingesetzt werden. Auf diesem Weg konnte
man beispielsweise bereits 1984 den Malaysischen Gaur retten. Als Leihmutter
setzte man eine Kuh ein. Dasselbe Verfahren funktionierte auch bei Antilopen,
beim Afrikanischen Luchs und bei Delfinen.

Ein weiteres Verfahren aus der Reproduktionsbiologie sind Chimären, die vier
verschiedene genetische Eltern haben. Bei Fusionschimären werden Embryonen im Zwei- oder Achtzellstadium miteinander verschmolzen, nachdem man
vorher die Embryonalhülle entfernt hat. Eine vergleichbare Vorgehensweise
gibt es bei Injektionschimären. Dabei werden Zellen aus einem anderen Em-
byro (so genannte Blastomeren) in einen anderen Embryo injiziert, was in
diesem frühen Stadium zur vollständigen Integration der Zellen führt.

Solche Chimären wurden bislang vor allem mit Mäusen erzeugt, um sie in
der Krebsforschung einzusetzen. Es gelang auch, ein solches „Mischwesen"
aus Schaf und Ziege – die „Schiege" – zu bilden. Ob in Zukunft die Tier-
zucht auf diese Technologie zurückgreifen und Chimären nutzen wird, ist
heute noch nicht prognostizierbar. Ein wichtiges Anwendungsgebiet mit
Zukunftspotenzial sind transgene Chimären, bei denen gentechnisch veränderte Blastomeren in das Embryo injiziert wurden.

7.8.1   Transgene Tiere

Weitaus häufiger ist jedoch der Versuch, die Gene von Tieren zu verändern.

Hierzu gibt es verschiedene Methoden. So können Tierzellen mit einer
„Gene gun", also einer Art Genkanone beschossen werden. Auf dem Projektil befindet sich die neue Gensequenz. Eine andere Möglichkeit besteht darin, harmlose Viren als „Gentaxis" zu benutzen, die das gewünschte Genmaterial in die Tierzelle einschleusen und einbauen. Ein weitaus sichereres
Verfahren ist die Pronucleus-Mikroinjektion; in dem Augenblick, in dem Ei-
und Spermazelle sich vereinigen, entsteht für einen Augenblick einer Art
„Urzelle", der Pronucleus. Dieser kann besonders leicht manipuliert werden,
indem man das Genmaterial direkt injiziert.

Ein weiterer Ansatz ist die embryonale Stammzell-Methode. Dabei werden
dem Embryo einzelne Blastozyten entnommen und mit einer veränderten

DNA vermischt. Sobald die Zellen das fremde Genmaterial aufgenommen haben, werden sie dem Embryo wieder beigefügt. Darüber hinaus ist es möglich, verändertes Genmaterial an Spermazellen zu „heften" und so in die Eizelle zu schleusen. Bereits 1982 gelang es, in das Erbmaterial einer Maus Rattengene zu integrieren, so dass eine „Riesenmaus" heranwuchs, die doppelt so groß war wie eine herkömmliche Maus.

In der Viehzucht sucht man nach Methoden, um den Ertrag deutlich zu steigern. Insbesondere bei Milchkühen wird gentechnisch hergestelltes Rinderwachstumshormon eingesetzt, um die Milchleistung zu erhöhen. Wachstumshormone kommen auch bei Schweinen zum Einsatz. Der Erfolg mit transgenen Schweinen, deren Erbgut so manipuliert wurde, dass sie schneller wachsen, hat sich in der Praxis bislang nur wenig bewährt, da das schnellere Wachstum bei den Tieren zu vielen degenerativen Krankheiten führt.

7.8.2   Gene Pharming

Unter Gene Pharming versteht man die Herstellung von Arzneimitteln mit Hilfe genveränderter Lebewesen.

1987 kam der Durchbruch, als man ein Mittel zur Auflösung von Blutgerinnseln (Gewebeplasminogenaktivator) aus der Milch genveränderter Mäuse gewinnen konnte.

In den Niederlanden setzte man das Gene Pharming bei Kühen ein. Durch genetische Manipulation gelang es, die Milchproduktion so zu beeinflussen, dass die Kühe „Lactoferrin", ein Protein, das nur bei Menschen vorkommt, absondern. Milch, die mit diesem Protein versetzt ist, ist für Menschen bekömmlicher, da es auch in der Muttermilch vorkommt.

Im Mittelpunkt des Gene Pharming stehen jedoch Ziegen als Nutztiere, da sie einfacher zu halten sind und bei geringerem Aufwand wesentlich mehr Milch produzieren. Blutgerinnungspräparate, die für viele Patienten unentbehrlich sind, lassen sich in genveränderten Ziegen herstellen und über die Milch gewinnen. Eine einzige Ziegenherde kann jährlich Medikamente im Wert von mehreren hundert Millionen Euro erzeugen.

Ein anderes Nutztier ist das Huhn; es ist inzwischen möglich, durch Genveränderung Eier mit Wirkstoffen anzureichern. Ein Huhn kann bis zu 300 Eier im Jahr legen, und es ist gelungen, das Erbgut so zu modifizieren, dass das Ei beispielsweise Insulin oder monoklonale Antikörper enthält.

Ein weiteres interessantes Forschungsobjekt sind Fische, da sie leichter gentechnisch verändert werden können. Der Grund dafür ist, dass die Eier im Wasser befruchtet werden und die Nachkommen sich außerhalb des Fisches entwickeln. Dadurch kann in jedem Stadium der Entwicklung unkompliziert ein Eingriff vorgenommen werden.

So konnte man bei Forellen erreichen, dass sie mit Hilfe eines Forellenwachstumshormons ein Vielfaches ihrer ursprünglichen Größe erreichten. Die Forschung an Fischen wurden in den letzten Jahren intensiviert, wenngleich bisher keine transgenen Fische auf dem Markt sind. Es gelang jedoch, etliche transgene Fische zu züchten, die sich durch ein stärkeres Größenwachstum und eine erhöhte Resistenz gegen Krankheiten auszeichnen, was besonders in großen Aquakulturen von Vorteil ist.

Eine besonders faszinierende Anwendung finden transgene Fische im Umweltschutz. In Singapur konnten Forscher dem Zebrabärbling, der vor allem im Ganges vorkommt, eine Gensequenz einsetzen, die bei Glühwürmchen das Leuchten verursacht. Der Fisch produzierte daraufhin das Enzym Luciferase, das ultraviolettes Licht in ein grünes Schimmern verwandelt. Der Zebrabärbling zeigt bei Stress ein grünliches Leuchten. Die Fische reagieren nervös, wenn sich im Wasser giftige Schwermetalle wie beispielsweise Blei oder Cadmium befinden. In der Trinkwasserüberwachung zeigen die Fische daher schon frühzeitig durch grünes Aufleuchten eine Gefahrensituation an.

Eine weitere kommerzielle Nutzung des Leuchteffekts wurde 2005 in den USA umgesetzt, als die ersten leuchtenden Zuchtfische, die „Glühfische", auf den Markt kamen, die das Gen einer Leuchtqualle in sich tragen. Auch bei Schweinen konnte man 2003 das Leuchtgen der Qualle einschleusen. Was wie seltsame Spielerei anmutet, dient als Genmarker, um festzustellen, ob andere Gene, etwa für die Produktion von Arzneimitteln, in die Zellen aufgenommen wurden. Das Leuchten ist dafür der Beweis. Eine sensationelle Entdeckung machte der Forscher Choy L. Hew 1974 in Neufundland, als er gefrorene Fische untersuchte, die er schon für tot hielt. Einige Fische hatten trotz eisiger Temperaturen überlebt und sich durch ein spezielles Protein (Antifreeze-Protein) am Leben erhalten. Die Gensequenz, die für die Produktion des Antifreeze-Proteins zuständig war, wurde Lachsen eingefügt, damit man sie problemlos auch in kälteren Regionen in Aquakulturen züchten konnte. Problematisch daran ist, dass solche transgenen Fische aus dem Zuchtbecken entweichen und ins offene Meer schwimmen könnten. Manche dieser Fische haben einen Überlebensvorteil und könnten so natürliche Fischarten sehr schnell verdrängen. Aus diesem Grunde versucht man, die Fische so zu züchten, dass sie steril sind und sich nicht vermehren können.

Transgene Tiere werden in Zukunft in der Arzneimittelherstellung eine überragende Bedeutung haben. Zwar werden bislang Medikamente auf diese Weise noch nicht produziert, aber das Verfahren ist längst ausgereift und enthält ein beachtliches Potenzial. Die Milch einer einzigen transgenen Kuh reicht aus, um die gesamten USA mit dem Blutgerinnungsfaktor zu versorgen. Solche Präparate benötigen Bluter, um zu überleben; sie müssen aufwändig aus menschlichen Blutkonserven gefiltert werden. Neben Blutgerinnungsmedikamenten wird auch die Produktion von Insulin, Hämoglobin, Wachstumshormonen und monoklonalen Antikörpern durch transgene Tiere wesentlich effizienter und kostengünstiger. Noch ist ungeklärt, ob transgene Pflanzen oder Tiere die besseren Produzenten sind. Jedenfalls werden sie langfristig die chemische Synthese, soweit überhaupt möglich, und die Herstellung durch Mikroorganismen wie Bakterien ablösen.

7.8.3   Gene Targeting

Um das Erbgut und die Wirkungsweise einzelner Gensequenzen genauer zu untersuchen, werden vor allem Mäuse eingesetzt, da sie sich schnell vermehren. Bei ihnen kann man einzelne Genabschnitte „ausschalten" und dann beobachten, wie sich die Maus verändert. Mit solchen „Knock-out-Mäusen" fand man beispielsweise eine Maus ohne Haare. Das Gene Targe-

ting soll dazu dienen, Gensequenzen aufzuspüren, die für Krebserkrankungen oder Erbkrankheiten wie die Muskoviszidose verantwortlich sind. In
Zukunft hofft man, diese krankheitsverursachenden Gene einfach „ausschalten" zu können. Die Mäuse eignen sich als Studienobjekt, da fast 99 Prozent
des menschlichen Erbguts mit dem der Maus identisch sind.

7.8.4   Xenotransplantation

In Deutschland gibt es zu wenig Organspender, so dass viele Patienten oft
jahrelang auf ein Spenderorgan warten müssen oder vorher sterben. Um
diesem Missstand abzuhelfen, wird überlegt, Organe von Tieren zu trans-
plantieren. Dieses Vorgehen stößt auf viele ethische Bedenken. Auch aus
medizinischer Sicht ergeben sich zahlreiche Probleme, da der menschliche
Körper mit heftigen Abstoßungsreaktionen auf das tierische Gewebe reagiert. Um diese Immunreaktion abzumildern, wurden transgene Schweine
gezüchtet, deren Gewebeoberfläche Eigenschaften des menschlichen Gewe-
bes besitzt. Schweineherzen wurden im Labor in Menschenaffen transplan-
tiert. Während bei nicht genveränderten Herzen das Immunsystem sofort
reagiert, fällt die Reaktion bei den genveränderten Schweineherzen weniger
drastisch aus. Dennoch enthält das Gewebe immer noch Merkmale, die nur
bei Schweinen vorkommen. Die Immunreaktion muss daher durch Medikamente wie Cyclosporin unterdrückt werden. Ein Menschenaffe konnte mit
dem genveränderten Schweineherzen fast zwei Monate überleben. Dennoch
bestehen viele Vorbehalte, da durch die Xenotransplantation auch Viren, die
nur bei Tieren Krankheiten verursachen, im menschlichen Körper eine Infektion hervorrufen können. Inzwischen wird auch die Transplantation von
einzelnen Schweinezellen untersucht, um Diabetes behandeln zu können.

In der Medizin findet bereits das Tissue Engineering breite Anwendung vor
allem in der plastischen Chirurgie. Dabei wird Gewebe aus menschlichem
Nasenknorpel auf einer Nährlösung gezüchtet. Bei Patienten, die schwere
Verletzungen durch Unfälle oder Brandwunden aufweisen, können so Organe wie die Nase, die Haut oder das Ohr wieder hergestellt werden. Der
Knorpel wird dabei dem jeweiligen Patienten entnommen, so dass es zu
keinerlei Abstoßungsreaktionen kommt. Die Züchtung von neuen Organen

im Labor hat ein großes Zukunftspotenzial, wenngleich es noch nicht gelungen ist, komplexe Organe wie Lunge, Herz oder Leber zu züchten.

7.8.5   Klonen

Eine äußerst kontrovers diskutierte Methode ist das Klonen. Beim Klonen erzeugt man genetisch völlig identische Nachkommen. Was wie Sciencefiction anmutet, ist seit Jahrhunderten gängige Praxis, denn bei Pflanzen kommt das Klonen sehr häufig vor. Die asexuelle Vermehrung geschieht bei Pflanzen durch Ableger oder Sprösslinge, wie sie auf Bäume aufgepfropft werden. Jeder Gärtner kennt dieses Verfahren. Manche Pflanzen lassen sich fast nur auf diese Weise vermehren. Im Tierreich hingegen ist das Klonen auf eher einfache Lebewesen beschränkt, die noch nicht weitgehend differenziert sind. Blattläuse und Polypen können sich problemlos ungeschlechtlich vermehren, und auch männliche Honigbienen stammen aus Eiern, die nicht befruchtet wurden. Dass sich in der Evolution die geschlechtliche Fortpflanzung durchgesetzt hat, liegt darin begründet, dass dabei die Gene neu kombiniert und „gemischt" werden und so im besten Fall eine Fortentwicklung ermöglichen. Natürliche Klone, die stets genetisch identisch sind, kommen auch beim Menschen vor – nämlich als eineiige Zwillinge.

Das Klonen hat eine längere Vorgeschichte. Schon Ende des 19. Jahrhunderts untersuchte der Biologe Oskar Hertwig die ungeschlechtliche Vermehrung (Jungfernzeugung oder Parthenogenese) bei Seeigeln. Erstaunlicherweise gelang es später, auch Froscheier und die Eizellen von Kaninchen ohne Befruchtung zu einem Tier reifen zu lassen.

Der entscheidende Fortschritt begann mit dem so genannten Kerntransfer. 1952 konnten Robert Briggs und Thomas King in Philadelphia den Zellkern einer normalen Zelle eines Frosches in die entkernte Eizelle einfügen. Daraus entwickelte sich dann eine Kaulquappe. Ähnliche Experimente gab es in den 1960er Jahren mit Krallenfröschen. Daraus resultierte die Erkenntnis, dass normale, bereits ausgewachsene Körperzellen die vollständige genetische Information enthalten.

Die Versuche, den Kerntransfer auch bei Säugetieren durchzuführen, scheiterte. Erst in den 1990er Jahren hatten Ian Wilmut und Keith Campell in Edinburgh damit Erfolg. Sie entnahmen einem erwachsenen Schaf Zellen aus dem Euter und vermehrten sie in einer Zellkultur. Dann wurden sie in den Zellkern einer entkernten Eizelle eines Schafes injiziert. 1996 wurde so das geklonte Schaf „Dolly" geboren.

Bis dahin galt es in der Biologie als unmöglich, dass sich aus einer Körperzelle ein vollständiges Lebewesen entwickeln kann. 1998 kam in München das erste geklonte Kalb zur Welt. Das Klonen ermöglicht eine schnellere und effizientere Zucht von transgenen Tieren. Seitdem konnte man das Klonieren an Mäusen, Affen, Schweinen, Katzen, Schafen, Ziegen und Pferden erfolgreich durchführen. Beim Klonieren von Katzen bemerkte man, dass die Leihmutter (die Amme), die das Embryo in der Gebärmutter entwickelt, einen Einfluss auf das Tier hat. Die Fellfarbe von Katzen wird nicht nur von den Genen beeinflusst, sondern auch von den Umweltbedingungen in der Gebärmutter.

Die Forscher stellten allerdings fest, dass Klontiere eine geringere Lebenserwartung haben und häufiger an degenerativen Krankheiten wie Arthritis leiden, die vor allem im Alter auftreten. Ursache dafür sind die Endabschnitte der Chromosomen, die als Telomere bezeichnet werden. Bei jeder Zellteilung verkürzen sich diese Abschnitte; sind sie zu kurz, stirbt die Zelle. Diese Entdeckung ist für die Biotechnologie sehr interessant, da sie der Schlüssel für eine deutliche Lebensverlängerung oder sogar für ein ewiges Leben sein könnte. Das Enzym Telomerase kann die Zahl der möglichen Zellteilungen verlängern; bislang funktioniert dieser Mechanismus aber nur in Zellkulturen. Es ist aber gelungen, Würmer so zu manipulieren, dass sie ewig leben.

Beim Klonen werden ausgereifte Körperzellen durch ein Nährmedium wieder in einen „jungfräulichen" Urzustand versetzt, so dass sie das gesamte genetische Programm ablaufen lassen können. Körperzellen sind nämlich differenziert und spezialisiert und erfüllen nur bestimmte Funktionen. Klontiere sind aber nicht völlig genetisch einwandfrei, da die entkernte Eizelle Mitochondrien enthält – das sind gleichsam die „Kraftwerke" und Energieerzeuger der Zelle. Diese haben eine mitochondriale DNA, die nicht entfernt werden kann.

Trotz spektakulärer Berichte in der Presse hat es das Klonen von Menschen wahrscheinlich noch nicht gegeben. Trotz gesetzlicher Verbote kann man aber nicht ausschließen, dass eines Tages in einem Land mit weniger restriktiven Vorschriften ein geklonter Mensch zur Welt kommt.

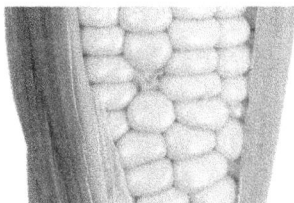

8 Fortschritte in der Medizin durch Biotechnologie

In vielen Bereichen der Medizin konnte dank der Biotechnologie ein entscheidender Durchbruch erzielt werden. Viele Zivilisationskrankheiten wie Diabetes oder Herz-Kreislauf-Erkrankungen lassen sich nur mit Hilfe der Biotechnologie wirksam behandeln.

Ein typisches Beispiel ist der Herzinfarkt; je schneller es gelingt, das lebensbedrohliche Blutgerinnsel aufzulösen, desto besser sind die Überlebenschancen des Patienten. Als Standardmedikamente werden Heparin oder Cumarin verabreicht, die die Blutgerinnung und die Entstehung von Gerinnseln hemmen. Auch die Acetylsalicylsäure, die als Aspirin® weltbekannt ist, hat eine gerinnungshemmende Wirkung und wird prophylaktisch Patienten verordnet. Ein anderer Wirkstoff ist das aus Blutegeln stammende Hirudin, das auch gentechnisch produziert wird. Bei einem akuten Herzinfarkt benötigt man jedoch ein hochwirksames Medikament, um das Blutgerinnsel schnellstmöglich aufzulösen.

8.1 Thrombolytika

Thrombolytika sind Medikamente, die Blutpfropfen (Thromben) sofort auflösen können. Es handelt sich dabei um Enzyme, die Proteine spalten.

Bei einem Herzinfarkt blockiert ein Gerinnsel das Herzkranzgefäß und verhindert so die Sauerstoffversorgung des Herzmuskels.

Um das Gerinnsel aufzulösen, setzte man noch vor einigen Jahren Streptokinase ein, eine Substanz, die aus Bakterien, nämlich Streptokokken, stammt und gentechnisch gewonnen wurde. Das Medikament war sehr wirksam und konnte Gerinnsel innerhalb kürzester Zeit vollständig auflösen. Problematisch war jedoch, dass einige Patienten allergisch auf das Bakterienprotein reagierten. Ein zweites Medikament ist die Urokinase, ein Enzym, das in menschlichem Urin enthalten ist und später gentechnisch mit Hilfe von Bakterien hergestellt wurde.

Bei beiden Wirkstoffen besteht die Gefahr innerer Blutungen, da die Medikamente unspezifisch wirken und im gesamten Körper eine höhere Blutungsneigung nach sich ziehen.

In der modernen Pharmakologie konnten Medikamente entwickelt werden, die nur direkt am Blutpfropfen wirken. Hierzu gehört der Plasminogenaktivator t-PA. Je schneller der Patient das Medikament erhält, desto geringer sind die Schäden am Herzgewebe. Wenn der Herzinfarktpatient die Infusion innerhalb einer Stunde bekommt, sind die Heilungschancen am größten. Der Wirkstoff t-PA stammt aus dem menschlichen Körper und erhielt die Zulassung 1987. Da das komplexe Molekül in Bakterien nicht produziert werden kann, setzt man Kulturen aus Hamsterzellen ein. Inzwischen wird auch mit transgenen Schafen und Ziegen experimentiert, die den Wirkstoff mit der Milch absondern. Durch modernes Proteindesign konnte das Medikament abgewandelt werden, so dass die Wirkung länger anhält und effizienter ist. Der abgewandelte Wirkstoff heißt rt-PA Reteplase und TNK-t-PA. Die Substanz rt-PA kommt vor allem bei Schlaganfällen zum Einsatz. Das Enzym Desmoteplase wurde zuerst bei Vampiren, also bestimmten Fledermausarten, im Speichel entdeckt, die bei einem Biss so die Blutstillung des Opfertiers hemmen.

> Das Proteindesign ist ein sehr zukunftsträchtiger Zweig der Pharmakologie, der es ermöglicht, bereits bekannte Wirkstoffe so zu verändern, dass sie noch wirksamer sind.

8.2   Der Faktor VIII

Der Faktor VIII ist ein wichtiger Blutgerinnungsfaktor, der hilft, lebensbedrohliche Blutungen zu stoppen. Bei Blutern können schon geringfügige Blutungen zum Tod führen. Die Bluterkrankheit, die vererbt ist, tritt fast ausschließlich bei Männern auf, da sich der defekte Genabschnitt auf einem X-Chromosom befindet. Die Bluter haben keinen Faktor VIII, der für die Gerinnung des Blutes zuständig ist. Schon kleinste Verletzungen können zu einer dauerhaften Blutung führen, die lebensbedrohlich ist. Man schätzt, dass etwa ein halbes Kilo Faktor VIII ausreichen würde, um die gesamte Menschheit mit dieser Gerinnungssubstanz zu versorgen. Allerdings ist die herkömmliche Gewinnung aus Blutkonserven extrem teuer, denn sie verschlingt mehrere hundert Millionen Euro. Ein Bluter benötigt wöchentlich ungefähr 25 Blutspender, da der Faktor VIII nur in winzigen Spuren im Blut vorkommt. Selbst wenn dieser Aufwand bewältigt würde, bestand früher, als die Konserven noch nicht behandelt wurden, die Gefahr, dass Blutkonserven mit verschiedenen Viren infiziert waren. Gentechnologisch lässt sich der Faktor VIII problemlos in Zelllinien erzeugen und enthält keine Erreger. Die gentechnologische Herstellung ist zudem erheblich preisgünstiger und lässt sich auch durch Gene Pharming bewerkstelligen. Transgene Schweine sondern den Faktor VIII durch die Milchdrüsen ab.

8.3 EPO

Das Medikament EPO wurde in der Öffentlichkeit durch zahlreiche Dopingskandale im Sport bekannt. Es handelt sich um ein körpereigenes Nierenhormon mit dem Namen Erythropoetin (EPO). Es beschleunigt die Bildung von roten Blutkörperchen. Besonders bei Patienten, deren Nierenfunktion eingeschränkt ist oder die wegen Nierenversagens auf die Dialyse angewiesen sind, kommt es zu Blutarmut. Diese Patienten benötigen dringend EPO, um die Bildung roter Blutkörperchen zu stimulieren. Dieses Medikament wurde sehr schnell für Dopinzwecke benutzt, denn je mehr ein Sportler über rote Blutkörperchen verfügt, desto besser ist die Sauerstoffversorgung und damit die Leistungsfähigkeit. Früher wurden deshalb Sportler zum Training ins Hochgebirge geschickt. Die in höheren Lagen dünnere Luft zwingt den Körper, mehr rote Blutkörperchen zu bilden, um den Sauerstoffmangel zu kompensieren.

EPO lässt sich gentechnisch in Zelllinien herstellen und hat einen Weltmarktanteil von über zwei Milliarden US-Dollar.

8.4   Interferon und Interleukine

Interferon galt noch in den 1970er Jahren als das Wunderheilmittel gegen
Krebs. Bereits in den 1950er Jahren hatten die Forscher Alick Isaacs und Jean
Lindemann entdeckt, dass Zellen, die von einem Virus befallen sind, einen
Stoff absondern, der das Immunsystem auf die kranke Zelle aufmerksam
macht. Es stellte sich heraus, dass Interferon andere Zellen gegen den Befall
durch Viren schützen konnte. Die körpereigene Substanz kam aber nur in so
geringen Mengen vor, dass man sie kaum nachweisen konnte. In den 1970er
Jahren gelang es, Interferon aus Blutkonserven herauszufiltern. Das Verfahren war aber äußerst aufwändig und die Ausbeute extrem gering, denn für
ein Gramm Interferon wurden 100.000 Blutspenden benötigt. Der Preis bei
diesem konventionellen Verfahren läge bei einer Milliarde US-Dollar. Damit
wäre Interferon mit Abstand die kostbarste Substanz der Welt. 1980 kam
indes der gentechnische Durchbruch: In Zürich konnte der Forscher Charles
Weissmann den Wirkstoff durch genveränderte Kolibakterien gewinnen.
Nun konnte man mit 20 Litern Bakterienflüssigkeit ein Gramm Interferon
produzieren. Da für die Forschung größere Mengen des Wirkstoffs zur Verfügung standen, wurde es möglich, die chemische Struktur des komplexen
Moleküls zu entschlüsseln, und man erkannte, dass es eine ganze Reihe von
verschiedenen Interferonen gibt.

Besonders häufig wird Interferon bei Hepatitis B und C eingesetzt, die bei
einem chronischen Verlauf, der die Regel darstellt, Leberzirrhose und Leberkrebs auslösen. Interferon wirkt auch bei verschiedenen Krebsarten wie
Melanomen, dem Schwarzen Hautkrebs und Lymphkrebs. Die Wirkungsweise ist aber bisher noch nicht endgültig geklärt. Man weiß aber, dass Interferon im Körper die Ausschüttung von Interleukin-2 fördert, das die Immunzellen vermehrt. Angewandt wird Interferon auch bei Multipler Sklerose
und Rheumatoider Arthritis.

Interleukine sind mit dem Interferon verwandt. Sie werden zusammen mit
dem Interferon als Cytokine bezeichnet. Interleukine, die erst 1976 entdeckt
wurden, fördern die Entstehung von T-Zellen, die im Immunsystem eine
wichtige Rolle spielen. Sie werden zur Behandlung von Lungenkrebs, AIDS
und Asthma eingesetzt.

8.5   Die Krebsforschung in der Biotechnologie

Die Krebsforschung hat eine äußerst hohe Bedeutung für die Biotechnologie, denn jeder zweite Mensch stirbt in den entwickelten Ländern an Krebs. Nach Herz-Kreislauf-Erkrankungen gehören Tumore zur zweithäufigsten Todesursache. Krebs ist in erster Linie eine genetische Krankheit, die durch eine Zellmutation entsteht. Ursachen können neben Umwelteinflüssen auch Virusinfektionen (wie Hepatitis- oder Papillomviren) und eine genetische Disposition sein. Nicht jede Mutation im Zellkern führt sofort zu Krebs, da die Zelle über komplexe Reparaturmechanismen verfügt. Erst wenn in der Zelle bereits vorhandene Gene aktiviert werden, die die Zellteilung begünstigen, kann die Zelle sich hemmungslos und ungehindert teilen; diese Gene nennt man Onkogene. Die Zelle verfügt aber auch über Gensequenzen, die die Zellteilung stoppen oder sogar eine Art Selbstmord der Zelle auslösen können, um den Krebs zu besiegen. Manche Krebsarten können diesen Zellschutz blockieren.

Tumorzellen unterscheiden sich von gesunden Körperzellen durch ein anderes Erscheinungsbild, haben ihre frühere Funktion aufgegeben und können endlos wuchern. Auch die Zellmembranen sind anders aufgebaut und sondern bisweilen neuartige Proteine ab. Krebserkrankungen können am besten behandelt werden, wenn sie frühzeitig entdeckt werden.

Die Biotechnologie hat die Behandlungsmöglichkeiten erheblich erweitert. Neben der Operation von Tumoren und der Anwendung der Chemotherapie gibt es heute bereits hochwirksame neue Therapien, die auf biotechnologischen Erkenntnissen und Ansätzen beruhen.

Ein Beispiel ist die Radioimmuntherapie, bei der Antikörper mit radioaktiven Elementen gekoppelt werden. Sobald der Antikörper die Krebszelle aufspürt und an sie andockt, vernichtet die radioaktive Strahlung gezielt die eine Krebszelle und hat auf das umliegende Gewebe nur wenig Auswirkung. Vielversprechend sind auch neuartige Medikamente, die gezielt in den Stoffwechsel einer Krebszelle eingreifen können. Da manche Tumorzellen andere Stoffwechselprozesse ausführen als gesunde Körperzellen, ist es möglich, Stoffwechselvorgänge zu identifizieren, die in anderen Zellen nicht vorkommen. Durch Molekulardesign kann man dann diese Prozesse

blockieren, indem man gleichsam einen falschen Schlüssel in ein Schloss
steckt.

Bei einer chronischen Form der Leukämie (CML) konnte man durch ein solches
Medikament (Glivec®) des Herstellers *Novartis* bereits die Krankheit wirksam
therapieren.

Der Forscher Alex Matter entdeckte, dass bei der ungebremsten Zellteilung
Enzyme namens Kinasen beteiligt waren. Wenn es nun gelänge, dieses Enzym zu blockieren, könnte man die hemmungslose Wucherung von Zellen
verhindern. 1998 konnte die Substanz, die das Enzym lahm legte, erstmals
an einem Patienten erprobt werden und wurde bereits 2001 von der US-amerikanischen Arzneimittel-Zulassungsbehörde (FDA) freigegeben. Nach fünf
Jahren überlebten mehr als 95 Prozent der Patienten, die an der Leukämieart
CML erkrankt waren. Der Pharmakonzern stellte das neue Medikament
mehr als 15.000 Patienten in aller Welt kostenlos zur Verfügung.

Mit dieser Entdeckung setzte eine neue Ära in der Krebsforschung ein: Zum
ersten Mal war es gelungen, ein Medikament zu entwickeln, das nur auf
Krebszellen einwirkt. Die Chemotherapie hingegen gleicht eher eine Schrot-
flinte, die unspezifisch alle Körperzellen in Mitleidenschaft zieht. Die neue
Wirkstoffklasse enthält ein enormes Potenzial, denn sie greift in die moleku-
laren Prozesse der Krebszelle ein. Dieses Forschungsgebiet dürfte auch bei
vielen anderen Krebsarten ein enormes Potenzial für die wirksame Behandlung haben.

Ein weiterer Ansatz in der Krebsforschung ist die Biotherapie, bei der körpereigene Wirkstoffe gegen Krebserkrankungen eingesetzt werden. Hierzu
zählen Interferone und Interleukine, die man erst dank der Biotechnologie in
ausreichend großen Mengen herstellen kann. Auch der Einsatz von monoklonalen Antikörpern wie Rituximab gehört zu diesem Bereich. So genannte
Immuntoxine bestehen aus einem Antikörper, an den ein Giftstoff wie Ricin
gekoppelt wurde. Diese Immuntoxine sind vor allem bei Blutkrebs wirksam.

Die Biotechnologie trägt auch entscheidend dazu bei, bereits bekannte Anti-
krebsmedikamente aus der Chemotherapie weiter zu verbessern. Ein äußerst
wichtiger Wirkstoff gegen Krebs wird aus der Eibe gewonnen, einer giftigen
Nadelbaumart, die in vielen Gärten kultiviert wird. Die Eibe gibt eine Substanz ab, die Paclitaxel genannt wird. Diese Verbindung kann die Zellteilung

völlig hemmen und den Zelltod auslösen. Solche Medikamente, die in der Chemotherapie zum Einsatz gelangen, werden Zytostatika genannt. Erstmals entdeckt wurde die krebshemmende Wirkung des Eibenextrakts im Jahr 1964. Es dauerte einige Jahre, bis man die chemische Struktur entschlüsselt hatte. Als Medikament wurde Paclitaxel oder – in seiner Kurzform – Taxol im Jahr 1984 auf den Markt gebracht. Schnell erkannte man, dass die Eibenbestände nicht einmal annähernd ausreichen würden, um alle Patienten auch nur ein Jahr zu behandeln. Die Eibe benötigt, um als Baum auszuwachsen, fast hundert Jahre.

Seit Anfang der 1990er Jahre wird Paclitaxel bei Eierstockkrebs und bei Brustkrebs in großem Umfang eingesetzt. Inzwischen erkannte man, dass Paclitaxel auch bei Lungenkrebs sehr wirksam ist. Lungenkrebs ist eine sehr häufige Erkrankung, von der allein in Deutschland jährlich mehrere zehntausend Menschen neu betroffen sind. Umso entscheidender ist es, dass das Zytostatikum zu einem vertretbaren Preis für alle Patienten verfügbar ist.

Am häufigsten kommt der Wirkstoff in speziellen Eiben vor, die an der amerikanischen Westküste wachsen. Allerdings würden die vorhandenen Bäume nicht ausreichen, um alle Patienten mit dem Wirkstoff zu behandeln. 1994 gelang es in Florida einem Forscherteam unter Leitung von Robert Holton, die Substanz chemisch herzustellen. Der Syntheseprozess umfasst jedoch 40 Teilschritte und ist ökonomisch kaum zu vertreten, da er eine nur geringe Ausbeute erbringt. Das Medikament wäre für die Millionen Patienten in aller Welt zu teuer. 1994 kostete ein Gramm Taxol mehrere tausend Dollar.

Im Laufe der Jahre konnte man dank der chemischen Synthese viele Derivate und Abwandlungen des Taxols untersuchen; einige erwiesen sich als um ein Vielfaches wirksamer als das klassische Taxol. Der Forscher Gary Strobel machte 1993 in Montana eine sensationelle Entdeckung: In weitläufigen Eibenwäldern entdeckte er einen Pilz, der auf der Eibe gedieh und ebenfalls in der Lage war, eigenständig Taxol herzustellen. Bislang ist aber die Produktivität des Pilzes zu gering, um größere Mengen Taxol zu gewinnen. Man arbeitet aber fieberhaft an Verfahren, mit Hilfe von speziellen Enzymen die Produktion von Taxol zu vereinfachen. Durch Zellkulturen lassen sich heute Vorstufen des Zytostatikums biotechnologisch herstellen und chemisch perfektionieren.

Taxol selbst kann den Krebs nicht heilen, aber das Wachstum der Krebszellen bremsen und so dazu beitragen, das Leben von Patienten zu verlängern.

8.6   Menschliches Wachstumshormon

Wachstumshormone werden in der Hirnanhangdrüse gebildet. Wenn zu we-
nig oder gar kein Wachstumshormon im Körper vorhanden ist, führt dies zu
Zwergwuchs oder zur Sterilität. Seit Ende der 1950er Jahre wurden Patienten
mit Wachstumshormonen behandelt. Das Problem war jedoch, dass das
Wachstumshormon anders als beispielsweise Insulin artspezifisch ist. Die
Wachstumshormone von Schweinen oder Rindern eignen sich nicht für den
Menschen. Daher musste man das kostbare Hormon aus den Gehirnen von
Leichen extrahieren. Allein für eine 2 Jahre dauernde Behandlung benötigte
man bis zu 100 Hirnanhangdrüsen aus Leichen. Die Behandlung war aber
äußerst problematisch, da die Extrakte durch Leichengift und Erreger bisweilen verunreinigt waren. Auch Prionen, die als Auslöser der Creutzfeldt-Jakob-
Krankheit gelten, wurden mit übertragen. Nachdem es Todesfälle gegeben
hatte, wurde das aus Leichen gewonnene Wachstumshormon 1985 verboten.

In den 1980er Jahren gelang es, menschliches Wachstumshormon in gern-
veränderten Bakterien zu produzieren, so dass nun alle Patienten ausreichend und langfristig behandelt werden konnten.

8.7   Epidermales Wachstumshormon

Dieses Hormon, das korrekt epidermaler Wachstumsfaktor (EGF) heißt,
regt die Regeneration von Zellen an und hat eine große Bedeutung in der
Kosmetikindustrie.

Mit einer entsprechenden Creme ist es möglich, Falten im Gesicht zu glätten.
Während das in den USA so beliebte Botulismus-Toxin (Botox) nur für kurze
Zeit durch eine Lähmung die Haut strafft, kann EGF die Haut aktiv reparie-
ren und Falten verschwinden lassen. Inzwischen kann man EGF gentechnisch mit Kolibakterien produzieren; dennoch sind EGF-Cremes mit mehr

als 50 Euro noch relativ teuer. Der Glättungseffekt stellt sich erst nach mehreren Wochen ein, wenn sich die Hautzellen erneuert haben. In China wird
EGF auch in Lippenstiften angewandt.

Medizinisch wird die Substanz bei der Behandlung von Diabetikern eingesetzt, bei denen sich oft an den Beinen aufgrund mangelnder Durchblutung
und einer Schädigung der Blutgefäße kaum ausheilende Geschwüre bilden.
In vielen Fällen musste im fortgeschrittenen Stadium, wenn sich absterben-
des Gewebe bildet, eine Amputation vorgenommen werden. Die Behandlung mit EGF könnte dies verhindern. Ebenso effizient ist die Behandlung
von Patienten mit schweren Brandwunden.

8.8   Die Stammzellforschung

Kaum ein Wissenschaftsgebiet ist so umstritten wie die Stammzellforschung,
die in vielen Ländern auf erbitterten Widerspruch stößt. Vom Einsatz von
Stammzellen versprechen sich aber manche Wissenschaftler die Heilung
vieler chronischer Erkrankungen.

Stammzellen sind Zellen, die spezialisierte Zellen ausbilden können. Sie
sind gleichsam in einem Urzustand und können sich wahlweise in Ner-
ven-, Muskel- oder andere Zellen umwandeln. Aus einer befruchteten Eizelle entwickelt sich nach bis zu sieben Tagen ein Zellhaufen, der aus etwa
100 Zellen besteht. Diese Zellen, so genannte Blastozyten, haben das Potenzial, sich in jede spezialisierte Zelle, von denen es 200 verschiedene gibt,
verwandeln zu können. Stammzellen haben darüber hinaus die Fähigkeit,
selbst wieder Stammzellen hervorbringen zu können. Nach dem Einfrieren
leben sie nach einem Auftauvorgang weiter und altern nicht, da sie über
genügend Telomerase verfügen. Durch bestimmte spezifische Wachstums-
faktoren lassen sie sich in jede beliebige spezialisierte Zelle verwandeln.

Bei Ratten und Mäusen, bei denen ein Herzinfarkt ausgelöst wurde, konnte
man das zerstörte Herzmuskelgewebe durch injizierte Stammzellen vollständig erneuern. Besonderes Interesse weckt auch die Behandlung von
Diabetes mit Stammzellen, die man durch Faktoren zu neuen Langer-

hans'schen Inseln ausreifen lässt, wie sie bei gesunden Personen in der Bauchspeicheldrüse vorhanden sind. Bei Diabetikern würde es ausreichen, die neuen Zellen unter die Haut zu injizieren.

Bei Stammzellen wird zwischen adulten („erwachsenen") Stammzellen, die sich im Gewebe des erwachsenen Menschen befinden, und embryonalen Stammzellen unterschieden. Ethisch ist die Forschung mit adulten Stammzellen unbedenklich, aber das Entwicklungspotenzial wird als geringer eingestuft als das der embryonalen Stammzellen. Bei Ratten und Mäusen gelang es, adulte Stammzellen aus dem Gehirn zu entnehmen und daraus neue Nervenzellen zu züchten.

Adulte Stammzellen werden beim Menschen dem Knochenmark entnommen. Sie haben zwar nicht das höchste Entwicklungspotenzial und können sich aufgrund ihres Alters nur begrenzt teilen, aber ihr Vorteil besteht darin, dass sie bei dem jeweiligen Patienten keine Abstoßungsreaktion auslösen, da sie dem eigenen Körper entnommen wurden. Stammzellen können auch aus dem Nabelschnurblut und der Plazenta gewonnen werden.

Embryonale Stammzellen hingegen, deren Gewinnung in Deutschland verboten ist, können aus Embryonen stammen, die bei einer Befruchtung im Reagenzglas zusätzlich entstanden sind. Embryonen und Föten aus Schwangerschaftsunterbrechungen liefern Stammzellen. Darüber hinaus wäre es möglich, Stammzellen durch therapeutisches Klonen zu erzeugen, indem ein Zellkern des Patienten in eine entkernte Eizelle transferiert wird. All diese Verfahren sind in Deutschland untersagt.

Die Gentherapie steht noch ganz am Anfang, denn bislang stellt die genetische Veränderung aller Zellen im Körper eine fast unlösbare Herausforderung dar. Mit Hilfe von so genannten Genfähren – dabei handelt es sich in der Regel um Retroviren – versucht man, in möglichst viele Körperzellen die korrekte Gensequenz einzuschleusen. Besonders kontrovers diskutiert wird die pränatale Gentherapie (Keimbahngentherapie), bei der bereits bei embryonalen Zellen eine genetische Veränderung vorgenommen wird.

Bei Schafen ist es gelungen, solche Modifikationen vorzunehmen. Bei Ratten war die Behebung von seltenen Erbkrankheiten möglich. Die pränatale Gentherapie ist aber bislang in der Praxis nicht umsetzbar, da sie auf enorme ethische Vorbehalte stößt und auch eine zielgenaue Manipulation des Genoms noch nicht möglich ist. Die Befürchtung einiger Kritiker, die pränatale Gentherapie könne zur Menschenzüchtung dienen, erweist sich als unbegründet, da Merkmale wie die Augenfarbe oder Persönlichkeitseigenschaften nicht auf eine einzige Gensequenz zurückzuführen sind, sondern auf ein komplexes Zusammenspiel aus unterschiedlichen Genen und Regulatoren bzw. auch auf Umwelteinflüsse.

8.9 Der Schalter für Gene (RNA-Interferenz)

Ein wichtiger Meilenstein in der Biotechnologie ist die Entdeckung der RNA-Interferenz. Mit diesem Verfahren (die RNAi-Technologie), das einen revolutionären Durchbruch darstellt, lassen sich einzelne Gene ein- und ausschalten. Insbesondere bei der Entwicklung neuer Medikamente könnten durch diese Methode schnell große Fortschritte erzielt werden.

Um einen bestimmten Genabschnitt abzuschalten, genügt es, eine Art Kopie der Genabfolge in Form einer RNA in die Zelle einzubringen. Die Funktionsweise wurde inzwischen geklärt: Die Zelle schaltet nicht einfach die Gensequenz ab, sondern zerstört die Boten-RNA, also gleichsam die Blaupause der Genabfolge, was zur Einstellung der entsprechenden Proteinsynthese führt.

Entdeckt wurde dieser Mechanismus von Thomas Tuschl am Max-Planck-Institut in Göttingen. Er entdeckte kurze RNAs, die auch in der Lage waren, bei Säugetieren und beim Menschen Gensequenzen gezielt abzuschalten. Diese Teile der RNA nennt man small interfering RNA – sie lassen sich im Labor synthetisch aus den Bausteinen zusammensetzen und damit beliebig oft kopieren. Diese Technik stellt eine Verfeinerung der Antisense-Technik dar, die bereits in den 1960er Jahren erprobt wurde, aber nur eingeschränkten Erfolg hatte, da man zu lange RNA-Fragmente einsetzte. Der Körper erkennt die längeren RNA-Stücke als Eindringling und potenzielle Gefahr und löst eine Immunreaktion aus, die die Teile zerstört. Nur ganze RNA-Stücke können in die Zelle eingeschmuggelt werden, ohne das Immunsystem des Körpers auf den Plan zu rufen.

Dieser Durchbruch ermöglicht es, das gesamte Erbgut nach Mechanismen und Funktionsweisen zu durchsuchen. Man kann nun systematisch einzelne Genabschnitte aus- und anschalten und so herausfinden, wofür diese Sequenzen zuständig sind. Früher benötigte man dafür aufgrund komplizierter Umwege viele Jahre. Heute wurde dieser Zeitraum auf Monate verkürzt. Es gilt daher als sehr wahrscheinlich, dass die 30000 Gene, die im menschlichen Erbgut vermutlich enthalten sind, schneller als bisher prognostiziert dekodiert werden können.

Die siRNA umfasst nur 21 bis 23 Bausteine. Mit Hilfe dieser Technologie wird es in Zukunft wahrscheinlich möglich, Krankheiten verursachende Gene abzuschalten. Leiden wie Alzheimer, Krebs, Parkinson und Autoimmunerkrankungen wie Rheuma könnten so vermutlich geheilt werden. Bislang steht die Forschung aber noch am Anfang, da diese Krankheiten durch eine Vielzahl von Genabschnitten ausgelöst werden, die durch interaktive Strukturen miteinander verknüpft sind. Um in der Medizin einen solch epochalen Durchbruch zu erreichen, müssen allerdings verschiedene Probleme gelöst werden: Die genauen genetischen Auslöser einer Krankheit müssen lokalisiert werden. Aufgrund des komplexen Zusammenspiels verschiedener, oft weit entfernter Genabschnitte und noch nicht vollständig geklärter Interaktionsprozesse, die durch die RNA vollzogen werden, wird es noch einige Zeit dauern, bis diese Zusammenhänge vollständig offen gelegt sind. Bislang kann man nur Erbkrankheiten lokalisieren, die durch eine einfache, klar abgrenzbare Sequenz verursacht werden. Um die Krankheit zu therapieren, müsste man nun in allen Zellen die Genabschnitte abschalten. Hier stellt sich wieder das Problem, wie die siRNA in alle Zellen eingeschleust werden kann. Fähren wie Retroviren befallen nicht zuverlässig alle Körperzellen. Inzwischen wird versucht, die siRNA mit einer Hülle zu tarnen oder chemisch so zu stabilisieren, dass das Immunsystem sie nicht zerstören kann.

Selbst wenn dies die Wissenschaft noch vor schwer lösbare Probleme stellen wird, bedeutet allein die systematische Funktionsanalyse der Genstrukturen einen entscheidenden Fortschritt in der Gentechnologie. Wenn die genetische Verursachung von Krankheiten wie Alzheimer oder Parkinson aufgedeckt werden kann, ist dies bereits ein maßgeblicher Schritt für eine Heilung.

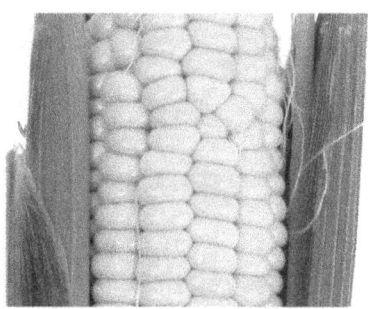

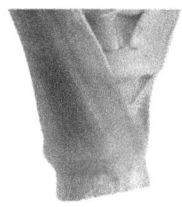

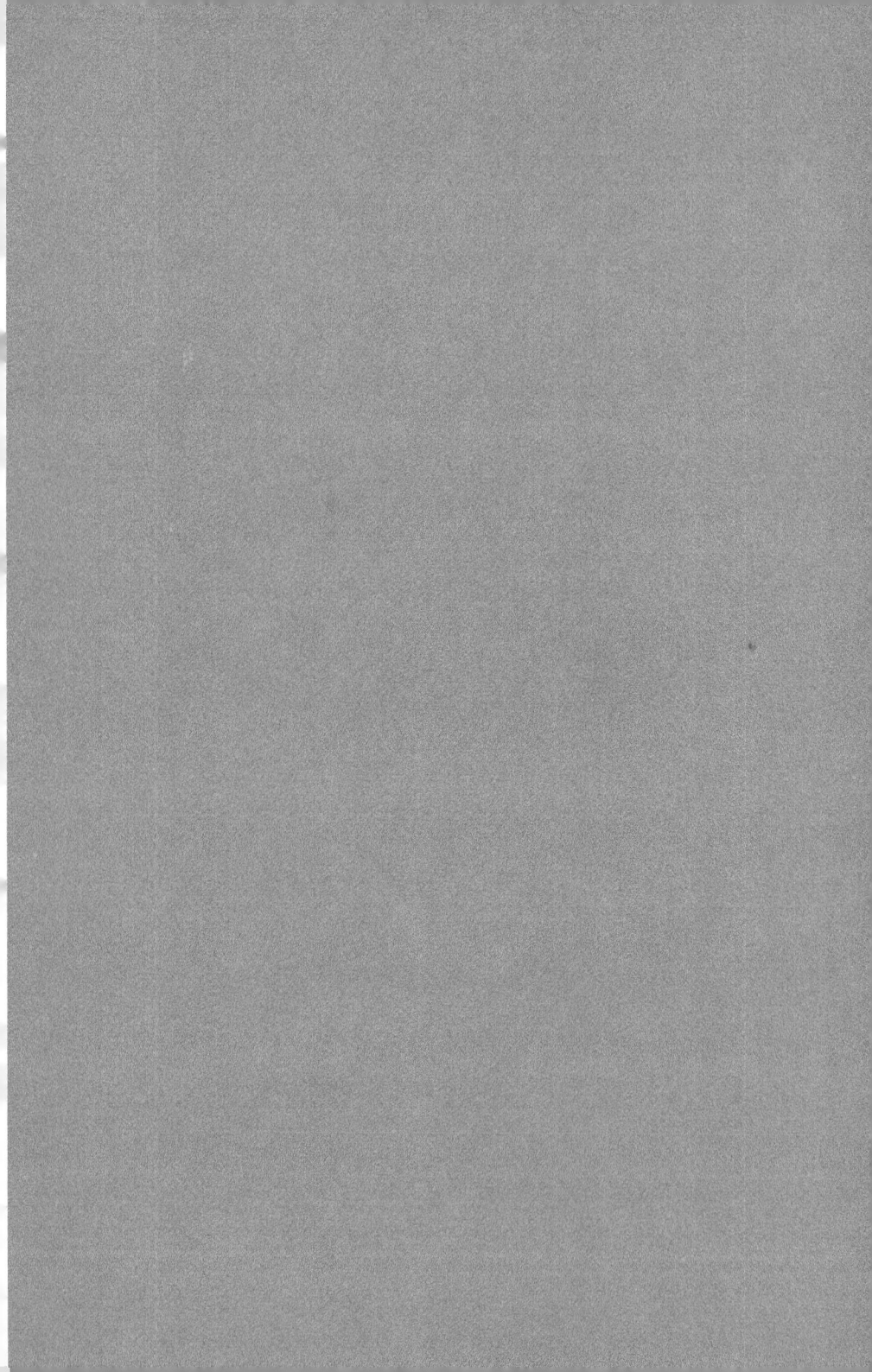

9   Die analytische Biotechnologie

Die analytische Biotechnologie, die für die Analyse von Genen und Substanzen verantwortlich ist, hat in den letzten Jahren große Fortschritte erzielt und die Biotechnologie zu einem der bedeutendsten Verfahren des 21. Jahrhunderts gemacht.

Eine wichtige Technologie in diesem Bereich sind die Biosensoren, die es gestatten, Substanzen selbst in geringsten Mengen aufzuspüren. Ein Biosensor besteht aus einem Molekül – meist einem Enzym – das immobilisiert, d.h. an ein „Gerüst" fixiert wurde. Dieses erzeugt ein Signal, das über Elektroden weitergeleitet und auf einem Display sichtbar gemacht werden kann. Wenn eine nachzuweisende Substanz auf das fixierte Enzym stößt, gibt das Enzym ein biochemisches Signal ab, also einen Stoff, der wiederum einen elektrischen Impuls auslöst und sich so bemerkbar macht. Der enorme Vorteil von Biosensoren: Das Enzym, das im Sensor ist, wird nicht verbraucht, da Enzyme als Biokatalysatoren nur die Reaktion beschleunigen.

Im Labor werden daher nur solche Mehrfachsensoren eingesetzt, die Tausende von Proben analysieren können. Im Handel sind aber Einfachsensoren üblich, die nach der Benutzung weggeworfen werden – beispielsweise bei der Blutzuckermessung von Diabetikern. Der Glucosespiegel im Blut wird anhand eines Enzyms ermittelt, das aus Schimmelpilzen stammt und Glucose-Oxidase genannt wird.

Glucosesensoren waren die ersten Biosensoren, die entwickelt wurden. Sie sind für Diabetiker, die die Höhe ihres Blutzuckerspiegels bestimmen müssen, unerlässlich. Denn nur dann kann die richtige Dosis Insulin berechnet werden. Sehr schnell entwickelte man auch Sensoren zur Messung des Milchsäurespiegels. Lactatsensoren sind bedeutsam, da sie Aufschluss über den Zustand eines Muskels geben und so vor allem im Hochleistungssport und bei Rennpferden Anwendung finden. Muskeln, die nicht genügend mit Sauerstoff versorgt werden, befinden sich in einem anaeroben Zustand und weisen einen höheren Lactatgehalt auf. Dies deutet auf eine geringere Leistungsfähigkeit hin. Je besser die Kondition des Sportlers ist, desto besser ist auch die Sauerstoffversorgung und damit der Stoffwechsel.

Glucose- und Lactatsensoren gelten als die erste Generation der Sensoren. Die zweite Generation besteht aus Mikroorganismen, die auf einem Träger fixiert (immobilisiert) wurden. Solche mikrobiellen Sensoren sind noch wesentlich leistungsfähiger. Mikrobielle Sensoren spielen im Umweltschutz eine maßgebliche Rolle, da sie frühzeitig Umweltgifte aufspüren können. Als Mikroorganismen werden meist Hefen verwendet, die innerhalb weniger Minuten die Belastung des Abwassers messen können. Im Prinzip misst man, wie viel Sauerstoff die Hefe verbraucht. Bei hoher Abwasserbelastung befinden sich viele Nährstoffe im Wasser, was den Sauerstoffverbrauch der Hefezellen steigert. Die mikrobiellen Sensoren werden in Kläranlagen eingesetzt, um die erforderliche Belüftung der Klärbecken zu regulieren und den Schadstoffgehalt des aufbereiteten Wassers zu prüfen.

Tests spielen in der Medizin eine wichtige Rolle. Besonders bei der Behandlung von Herzinfarkten ist es entscheidend, einen solchen Vorfall rechtzeitig erkennen zu können. Bislang wurde in der Medizin dafür der Nachweis von Enzymen wie Kreatin-Kinase und Troponine verwendet. Diese Enzyme sind aber nur Marker für einen Herzinfarkt, der bereits eingetreten ist. In der Kardiologie kommt es aber darauf an, einen Herzinfarkt so früh wie möglich zu behandeln, um gravierende Folgeschäden zu vermeiden. Anfang der 1990er Jahre gelang es, ein Fettsäure-Bindungsprotein (FABP) aufzuspüren, das sofort nach dem Beginn des Herzinfarkts abgesondert wird. Auch zur Messung des Cholesterinspiegels wurden neue Tests entwickelt, die vor allem die Relation von HDL-Cholesterin, das als gesundheitsförderlich gilt, und LDL-Cholesterin messen. In Zukunft sollen auch bakterielle und virale Infektionen mit einem Schnelltest erfasst werden. Solche einfachen Tests, die vor Ort von den Ärzten, Apothekern und dem medizinischen Personal ohne Laborunterstützung durchgeführt werden können, werden in Zukunft weitverbreitet sein. Man nennt sie Point-of-Care-Tests (POC-Tests).

9.1 Das Humangenom-Projekt

Eine der größten Leistungen der analytischen Biotechnologie war die komplette Entschlüsselung des menschlichen Erbguts um die Jahrtausendwende. Das ambitionierte Projekt begann im Oktober 1990 und diente dazu, die mehr als 3 Milliarden Basenpaare der DNA eines Menschen zu dekodieren. Die Informationsmenge, die im Erbgut eines Menschen enthalten ist, entspricht ungefähr 750 Megabyte und würde damit knapp auf eine einzige CD passen. Umgerechnet sind dies etwa 750 Bücher mit je 1000 Seiten.

Die Entschlüsselung des menschlichen Erbguts stellt einen bedeutenden Fortschritt in der Medizin dar, denn man vermutet, dass über 6000 Krankheiten allein unmittelbar durch einen Fehler in der DNA ausgelöst werden und dass bei vielen Zivilisationskrankheiten sogar mehrere Gene in Wechselwirkung das Krankheitsgeschehen verursachen oder zumindest daran beteiligt sind. Krankheiten, die nur durch ein defektes Gen hervorgerufen werden, sind beispielsweise Mukoviszidose, Chorea Huntington und die Stoffwechselstörung Phenylketonurie.

In den 1970er Jahren hatte man zum ersten Mal das Erbgut eines Organismus vollständig entziffert – es war ein einfaches Virus. 1989 wurde eine Organisation (HUGO – *Human Genome Organization*) geschaffen, die Delegierte aus 30 Ländern umfasste und das Projekt koordinieren sollte. Parallel zur Entschlüsselung des Humangenoms wurde auch das Erbgut anderer Organismen untersucht, um die eingesetzten Methoden zu verfeinern. 1996 konnte man das Genom der Bäckerhefe vollständig offen legen. Im Juni 2000 gab der damalige amerikanische Präsident Bill Clinton den Erfolg des Projekts öffentlich bekannt, und im Frühjahr 2001 publizierte das renommierte Wissenschaftsmagazin *Nature* eine Karte der DNA.

Bei der Analyse des Genoms sind drei Wissenschaftsbereiche beteiligt: Die Genomik befasst sich mit der Analyse der einzelnen Sequenzen und setzt diese zusammen, so dass man den gesamten Code des Erbguts erhält. Weitaus anspruchsvoller ist die Postgenomik; sie soll die Funktionen einzelner Genabschnitte aufklären. Wichtige Voraussetzung für beide Forschungsgebiete

sind die Fortschritte in der Bioinformatik. Erst dank moderner Computer können
DNA-Abschnitte schnell und zuverlässig sequenziert und analysiert werden.

Die Ergebnisse des Humangenom-Projekts waren erstaunlich; man fand
heraus, dass nur drei Prozent des gesamten menschlichen Erbguts für die
Synthese von Aminosäuren verantwortlich sind. Der große Rest gilt als
Müll- oder Junk-DNA. Erste Vermutungen gehen dahin, dass im Lauf der
Millionen Jahre Evolution viele Genabschnitte ersetzt wurden oder ihre
Funktion verloren. Es wird inzwischen angenommen, dass die Junk-DNA
regulatorische Funktionen haben könnte. Eine Erkenntnis, die mindestens so
viel Aufsehen erregte wie einst Darwins Evolutionslehre, dürfte die Tatsache
sein, dass der Mensch insgesamt nur 20000 bis 30000 Gene besitzt. Die Jahre
zuvor entschlüsselte Bäckerhefe hat immerhin 6000 Gene und ein Faden-
wurm 18000.

Das nächste große Projekt der Humangenom-Forschung besteht darin, die
Funktionsweise der Gene zu entschlüsseln, denn bislang konnte man – me-
taphorisch formuliert – nur das menschliche Erbgut buchstabieren, aber
nicht die zugrunde liegende Sprache verstehen. Das HapMap-Projekt soll
diese Sprache nun völlig aufdecken. Dabei werden die Variationen des Erbguts verschiedener Menschen verglichen. Mit Hilfe dieses Ansatzes möchte
man gezielt neue Medikamente entwickeln; dieser Teilbereich der Pharmakologie wird als Pharmakogenomik bezeichnet.

9.2   Die Pharmakogenomik

In der pharmakologischen Forschung ist längst bekannt, dass Medikamente
oft nur bei einem Bruchteil der Patienten wirken, denn die unterschiedliche
Genausstattung kann die Wirkungsweise blockieren oder zumindest beeinträchtigen. Um Krankheiten wirksam behandeln zu können, müssten die
Medikamente auf das Genom der Patienten abgestimmt sein. Heutige Präparate ähneln „Schrotflinten", mit denen man Krankheitsursachen ins Visier
nimmt. Dasselbe hat man auch in der Ernährungsforschung herausgefunden, die davon abrückt, vermeintlich gesunde Nahrungsmittel für alle Menschen zu empfehlen.

Um die genetischen Ursachen genauer zu erforschen, werden beispielsweise Gesunde mit Patienten verglichen, um genetische Abweichungen zu erkennen. Da aber auch individuelle Unterschiede in genetischen Strukturen verankert sind, ist es oft schwierig, genau jene Abweichung aufzuspüren, die zur Erkrankung führt. Manche Krebserkrankungen beispielsweise beruhen auf vielfältigen Abweichungen, die weiträumig über das Erbgut verstreut sein können.

Inzwischen weiß man auch, dass manche Medikamente gegen Asthma bei einigen Patienten schwächer wirken, wenn sie ein bestimmtes Gen besitzen. Prognosen zufolge wird es im Jahr 2020 spezifische Arzneimittel gegen Zivilisationskrankheiten wie Bluthochdruck oder Diabetes geben, die die genetische Struktur des Patienten berücksichtigen.

9.3 DNA-Chips

Ein weiterer sensationeller Durchbruch wurde mit der Entwicklung von DNA-Chips erzielt. Diese bestehen aus DNA-Molekülen, deren Genstruktur bekannt ist. Die Moleküle sind in einem Feld (Microarray) angeordnet. Jede Einheit besteht aus einer definierten Anzahl von Molekülen, die im Quadrat oder Rechteck ein solches Feld (Array) bilden. Dabei können die DNA-Segmente aufgetragen (spotted microarray) oder gleich bei der Herstellung des Glasträgers (Glaswafer) mit Hilfe der Fotolithographie gebildet werden. Diese DNA-Chips bezeichnet man als „in-situ-Chips", da die Segmente „vor Ort" entstehen. Bei der Photolithographie werden die Glasträger mit winzigen Masken abgedeckt, und nur an den freien Stellen werden DNA-Teilchen (DNA-Sonden) mit einem Laser auf das Glas geheftet bzw. fixiert. Auf einem Quadratzentimeter können bis zu einer Million DNA-Segmente aufgebracht werden. Insofern ähnelt die Entwicklung dem Fortschritt der Computerchips in der Informationstechnologie. Andere Produktionsverfahren machen sich das Prinzip des Tintenstrahldruckers zunutze und „sprühen" DNA-Abschnitte auf den Glasträger.

Der DNA-Chip funktioniert folgendermaßen: Die darauf fixierten DNA-Abschnitte wirken wie ein Köder und fischen sich aus der zu testenden Substanz jene Segmente heraus, die zu dem jeweiligen Abschnitt passen, denn beide Teile fügen sich wie ein Reißverschluss zusammen. Zuvor wurde die DNA mit einer fluoreszierenden Flüssigkeit behandelt, die unter UV-Licht aufleuchtet. Wenn sich die DNA-Abschnitte auf dem Glasträger „paaren", kann man sie durch UV-Licht sichtbar machen. Ein Computer kann die Lichtpunkte sofort auswerten, lokalisieren und feststellen, welcher Genabschnitt im Feld (Array) sich mit seinem Gegenpart verbunden hat. Dadurch kann man innerhalb von Sekunden ermitteln, welche Genabschnitte die zu untersuchende DNA enthält.

Mit solchen DNA-Chips lässt sich beispielsweise eine Untersuchung auf Leukämie innerhalb kürzester Zeit durchführen.

9.4   Proteomik

Ein weiteres wichtiges Forschungsgebiet ist die Proteomik; darunter versteht man die Analyse der Genstrukturen einer Zelle, die zur Synthese bestimmter Proteine führen. Ziel ist es, die in der Zelle enthaltenen „Fertigungspläne" zur Herstellung von Eiweißen komplett zu erfassen. Dabei will man nicht nur die einzelne Gensequenz, sondern auch das Zusammenwirken verstreuter Genabschnitte und die regulatorischen Mechanismen aufklären.

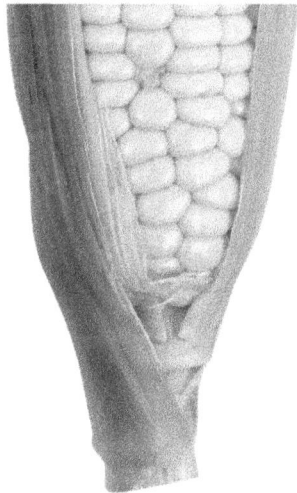

10 Biotechnologie in Deutschland

In Deutschland gab es im Jahr 2009 circa mehr als 440 Projekte, die sich mit biotechnologischen Entwicklungen im Bereich der Medizin befassten. Die Zulassung neuer Medikamente wird bis spätestens 2013 erwartet, darunter sind Präparate zur Behandlung von Malaria, anderen tropischen Krankheiten und Tuberkulose.

In 70 Prozent der Fälle soll ein völlig neuer Wirkstoff auf den Markt gebracht werden; 24 Prozent der Projekte konzentrieren sich auf die Verbesserung eines bereits bekannten Wirkstoffs oder der Entwicklung neuer Darreichungsformen, so dass beispielsweise Medikamente, die bislang injiziert werden mussten, als Tablette verfügbar sind. In 6 Prozent der Fälle wird überprüft, ob es möglich ist, ein bereits vorhandenes Medikament in einem anderen Bereich einzusetzen – insbesondere in der Krebstherapie können Zytostatika zur Bekämpfung anderer Tumorformen verwendet werden.

Die überwiegende Zahl der Projekte hat bereits das Stadium der Erprobung am Patienten (die sogenannte Phase II oder III der klinischen Entwicklung) erreicht, oder es läuft ein europaweites Zulassungsverfahren. Darüber hinaus gibt es Präparate, die eine Zulassung in den USA erhalten haben, deren Genehmigung aber in Europa noch aussteht.

Medikamente, für die bereits klinische Studien bewilligt worden sind, werden zu 82 Prozent in deutschen Krankenhäusern und Arztpraxen erprobt. Nur 20 Prozent der Wirkstoffe werden ausschließlich im Ausland getestet.

10.1 Die Stadien der Medikamentenentwicklung

Bevor ein Wirkstoff am Menschen erprobt wird, muss er alle vorklinischen Tests bestanden haben, die beispielsweise in Zellkulturen die Wirksamkeit nachgewiesen haben.

Das klinische Stadium ist für die Beurteilung eines Biotechnologieunternehmens von entscheidender Bedeutung, denn damit tritt das Forschungsprojekt in eine wichtige Phase ein, wenngleich auch während der klinischen Phase etliche Wirkstoffe scheitern können.

Die Erprobung wird nicht immer nur in Kliniken durchgeführt, sondern kann auch ambulant durch niedergelassene Ärzte erfolgen. Man unterscheidet drei Stadien:

- Phase I – Erprobung mit wenigen Gesunden (den Probanden)
- Phase II – Erprobung mit wenigen Kranken
- Phase III – Erprobung mit vielen Kranken

Sind alle drei Phasen positiv verlaufen, kann die Zulassung des Medikaments beantragt werden. Vor dem Beginn einer Studie werden die zuständigen Behörden und die Ethik-Kommission unterrichtet.

Die Teilnehmer an der Studie müssen ihr ausdrückliches schriftliches Einverständnis erteilen und können diese Erklärung jederzeit widerrufen. Wenn schwere Nebenwirkungen auftreten, wird die Studie sofort abgebrochen.

10.2   Die klinische Phase

Die Phase I erfolgt an gesunden Personen und sagt somit noch nichts über die eigentliche Wirksamkeit bei einer Erkrankung aus. Die Phase I soll lediglich bestätigen, wie der Wirkstoff vom Körper aufgenommen, verteilt, verändert und wieder ausgeschieden wird. Als Vergleichswert dienen die Parameter aus Tierversuchen. An den meisten Studien nehmen in der Phase I circa 60 bis 80 Probanden teil.

In der Phase II wird das neue Medikament an Patienten erprobt; die Teilnehmerzahl liegt zwischen 100 und 500 Patienten, die meist aus Krankenhäusern rekrutiert werden. Dabei wird genau beobachtet, ob das Arzneimittel die gewünschte Wirkung zeigt, wie effizient es ist und ob Nebenwirkungen auftreten.

In der Phase III wird das Medikament an Tausenden von Patienten erprobt, um zu untersuchen, ob das Arzneimittel auch bei vielen Menschen mit unterschiedlichen Eigenschaften und genetischen Merkmalen die gleiche Wirkung entfaltet. Wechselwirkungen mit anderen Präparaten werden sorgfältig beobachtet.

In der Phase II und in der Phase III werden Doppelblindstudien eingesetzt. Dabei wird eine Experimentalgruppe, die das Medikament bekommt, mit einer Kontrollgruppe verglichen, die nur ein Scheinmedikament, ein Placebo, erhält. Die Patienten werden nach dem Zufallsprinzip auf die beiden Gruppen verteilt; und die Ärzte, die das Medikament verabreichen, wissen nicht, ob es sich um das tatsächliche Arzneimittel oder das Placebo handelt.

Bei Unverträglichkeiten bei bestimmten Patienten wird nach Biomarkern gesucht; das können individuelle oder genetisch verankerte Merkmale sein, die zur Unverträglichkeit führen.

10.3   Zulassung

Wenn die Studien die Wirksamkeit des Medikaments bewiesen haben, kann die Zulassung beantragt werden. Die Unternehmen haben dabei mehrere Möglichkeiten. In Deutschland wird die Zulassung meist bei der zentralen Zulassungsagentur für die Europäische Union beantragt. Diese Agentur namens EMEA hat ihren Sitz in London und berücksichtigt die Argumente und Einwände der jeweiligen nationalen Zulassungsagentur. In Deutschland sind dafür das Bundesinstitut für Arzneimittel und Medizinprodukte (BfArM) in Bonn und das Paul-Ehrlich-Institut in der Nähe von Frankfurt am Main zuständig.

Die USA haben ein eigenes nationales Zulassungsinstitut, die Food and Drug Administration (FDA). Arzneimittel, die außerhalb der EU auf den Markt gebracht werden sollen, müssen in jedem einzelnen Land einen eigenen Zulassungsantrag stellen. Bisweilen ist es aber möglich, das Verfahren zu verkürzen, wenn bereits ein anderes Land eine Zulassung erteilt hat. Für die Zulassung werden Gebühren erhoben. Bei der EMEA kostet eine Zulassung mehr als 250.000 Euro und dauert in der Regel über ein Jahr. Zusätzlich

zum Zulassungsantrag müssen Unterlagen und die vollständigen Studien-
ergebnisse eingereicht werden.

Zulassungen, die durch die EMEA erfolgen, haben Gültigkeit in Ländern
wie Norwegen, Island und Kleinstaaten wie Monaco. In der Türkei und
Kroatien werden Arzneimittel, die durch die EMEA anerkannt wurden,
schneller zugelassen. In Sonderfällen kann die EMEA auch eine Empfehlung
zur Zulassung von Medikamenten in Entwicklungsländern aussprechen.

An die eigentliche Zulassung schließt sich eine Phase IV an, in er die Medikamente weiter genau beobachtet werden, um seltene Nebenwirkungen
erfassen zu können. Als selten gilt eine Nebenwirkung, wenn sie bei einem
von 10.000 Patienten auftritt.

Die Erforschung neuer Medikamente ist sehr zeit- und kostenaufwändig
und führt nur sehr selten zu einem großen Erfolg. Von 5000 bis 10000 Wirkstoffen, die durch systematisches Screening und Untersuchungen gefunden
werden, eignen sich im Regelfall nur fünf für klinische Studien. In der letzten Phase, die zur Zulassung führt, bleibt davon meist nur ein Wirkstoff
übrig. Im Durchschnitt kostet die Entwicklung eines neuen Medikaments
800 Millionen US-Dollar. Die Hälfte dieses Budgets wird allein für klinische
Studien verwendet. Arzneimittelforschung findet in Deutschland vor allem
in der Pharmaindustrie statt, die dafür fast keine staatlichen Subventionen
erhält.

10.4   Patentschutz

Um langfristige Forschungsprojekte in der Pharmakologie finanzieren zu
können, ist ein wirksamer Patentschutz unumgänglich. Problematisch ist
häufig, dass der Patentschutz für neue Wirkstoffe bereits in einer Frühphase
beantragt werden muss, um die Exklusivrechte zu erhalten. Da aber Forschungsprojekte meist sich auf einen Zeitraum von zehn Jahren erstrecken,
läuft der Patentschutz, der auf 20 Jahre ausgelegt ist, schon früh wieder aus.
Während der verbleibenden Zeit muss das Medikament so viel Umsatz wie
möglich generieren, damit die Forschungs- und Entwicklungskosten vollständig abgedeckt sind. Nach Ablauf des Patentschutzes können andere
Pharmaunternehmen das Medikament als so genannte Generika kopieren.

Um sich weiter abzusichern, beantragen daher die Unternehmen häufig einen Patentschutz auf Rezepturen, die Nutzung von Gensequenzen oder Produktionsverfahren. Um die Wirtschaftlichkeit zu erhalten, konzentrieren sich Pharmaunternehmen auf Krankheiten, die häufig auftreten.

Die Kritik am Patentschutz ist häufig überzogen, da 90 Prozent aller wichtigen Arzneimittel aufgrund der inzwischen verstrichenen Zeit patentfrei sind. Die Hersteller des Originalmedikaments liefern die Arzneimittel mit hohen Rabatten an Entwicklungsländer oder erteilen eine kostengünstige Lizenz zur Herstellung. Problematisch sind indes die gesundheitliche Versorgung und Infrastruktur in vielen Entwicklungsländern, die dazu führen, dass die Ärztedichte relativ gering ist und es an medizinischem Personal mangelt.

In Deutschland werden jährlich über 4 Milliarden Euro für Arzneimittelforschung ausgegeben. Im Durchschnitt werden 30 neue Wirkstoffe jedes Jahr zugelassen. Die Pharmaindustrie beschäftigt über 90.000 Menschen, davon mehr als 17.000 im Bereich Forschung und Entwicklung.

Die Investitionen und die Wertschöpfung lagen pro Jahr bei über einer Milliarde Euro. Die Wertschöpfung je Beschäftigten erreicht 100.000 Euro. Die Pharmaindustrie gehört zu den innovativsten Industriezweigen mit dem höchsten Innovations- und Wachstumspotenzial. Über die Hälfte aller hergestellten Arzneimittel wird ins Ausland exportiert. Deutschland steht auf Platz 1 beim Export von Medikamenten.

10.5   Der Arzneimittelmarkt

Aufgrund der zunehmenden Regulierung des Arzneimittelmarktes durch gesetzliche Eingriffe werden neue Medikamente seltener am Patienten angewandt. Drei Viertel aller Medikamente in Deutschland unterliegen der Festbetragsregelung.

Deutliche Umsatzsteigerungen gab es aufgrund dieser Maßnahmen nur bei Arzneimitteln gegen schwere und lebensbedrohliche Krankheiten. Der weltweite Umsatz von Medikamenten hat sich im Zeitraum von 1998 bis 2006 mehr als verdoppelt. Eine zunehmende Nachfrage nach Arzneimitteln kommt vorwiegend aus Osteuropa, Lateinamerika und Asien. Dennoch ist der Weltmarktanteil Deutschlands in dem letzten Jahrzehnt deutlich gesunken. Im internationalen Vergleich ist das Wachstum unterdurchschnittlich. So ist der deutsche Apothekenmarkt, der nicht die Abgabe von Medikamenten in Krankenhäusern umfasst, in den letzten Jahren lediglich um 20 Prozent gestiegen. In den USA und Spanien konnten Umsatzsteigerungen von über 50 Prozent erzielt werden.

Gentechnisch hergestellte Medikamente gewinnen zunehmend an Bedeutung; ihr Umsatz konnte sich innerhalb von sieben Jahren fast verdoppeln. Der Marktanteil lag 2007 bei 14,6 Prozent.

10.6 Gentechnische Arzneimittel

Gentechnische Arzneimittel genießen in der Bevölkerung hohe Akzeptanz. In Deutschland wurden bis 2006 115 gentechnische Medikamente zugelassen. Und jährlich werden durchschnittlich fünf neue Wirkstoffe auf den Markt gebracht.

Mit gentechnischen Medikamenten werden weltweit 32 Milliarden US-Dollar erwirtschaftet. Der Umsatzanteil an allen Medikamenten beträgt 7 Prozent. In Deutschland werden 2,06 Milliarden Euro – berechnet nach Herstellerabgabepreisen – in Apotheken umgesetzt. Mit fast einem Drittel handelt es sich bei gentechnischen Arzneimitteln um Insulinpräparate für Diabetiker. An zweiter Stelle mit circa 30 Prozent folgen so genannte Immunmodulatoren wie Interferone und TNF-Alpha-Blocker, die bei Hepatitis B und C, rheumatischen Erkrankungen und Multipler Sklerose zur Anwendung gelangen und dort die wichtigste Behandlungsform darstellen. Knapp 10 Prozent der Genpräparate entfallen auf Erythropoetin (EPO), das zwar als Dopingmittel bei Sportlern bekannt geworden ist, aber in der Medizin bei Nierenkranken eingesetzt wird, die auf Dialyse angewiesen sind. EPO gilt als Umsatzblockbuster, da die Medikamente wesentlich teurer als Insulinpräparate sind. Darüber hinaus haben die gentechnischen Arzneimittel in Krankenhäusern eine noch höhere Verbreitung als im Apothekenmarkt.

Das Potenzial ist beträchtlich, da bislang aufgrund der hohen Kosten nur jeder fünfte Rheumapatient die viel wirksameren und sicheren TNF-Alpha-Blocker erhält. Viele Menschen sind beispielsweise auch nicht gegen Hepatitis geimpft, und nur ein geringer Prozentsatz der Patienten mit Multipler Sklerose erhält Beta-Interferon zur Behandlung.

In Zukunft werden neuartige gentechnische Arzneimittel, die auf monoklonalen Antikörpern beruhen, und Impfstoffe mit Virusproteinen, die zur Behandlung von Herpes und Gebärmutterhalskrebs dienen, für einen weiteren Aufschwung dieses Arzneimittelsektors sorgen. Weitere Impfstoffe gegen Malaria, Hepatitis C, das Pfeiffersche Drüsenfieber und AIDS werden erwartet.

Als besonders erfolgversprechend gelten DNA-Impfstoffe, bei denen einzelne Virusgene zur Auslösung der Immunreaktion eingesetzt werden. Bislang gibt es noch keinen zugelassenen DNA-Impfstoff.

Das Forschungsgebiet, das am schnellsten einen innovativen Durchbruch erreichen wird, ist das der monoklonalen Antikörper. Damit können Krankheiten wie Lungenkrebs, Hirntumoren und Hepatitis B behandelt werden. 2006 befanden sich 66 verschiedene monoklonale Antikörper in der klinischen Phase II oder im unmittelbaren Zulassungsverfahren.

Deutschland konnte sich in den letzten Jahren dank intensiver Forschung und zahlreicher Innovationen zu einem führenden Standort der Biotechnologie entwickeln. Die Vorbehalte der Bevölkerung waren insbesondere in den 1980er und 1990er Jahren sehr groß. Vor allem die Verwendung von Mikroorganismen in der Arzneimittel-Produktion führte zu heftigen Kontroversen. Inzwischen hat sich die Technik jedoch etabliert, und der Einsatz von gentechnisch hergestelltem Humaninsulin ist heute in der Medizin Standard. Aufgrund zahlreicher staatlicher Initiativen wie „BioChance" und „BioRegio" wurden seit den 1990er Jahren mehr als 350 Biotechnologieunternehmen in Deutschland neu gegründet. Auch andere Länder wie Großbritannien, Frankreich, Singapur und Indien riefen Fördermaßnahmen ins Leben, um sich international als Biotechnologie-Standort zu profilieren.

10.6.1 Gentechnische Produktion

In der gentechnischen Produktion belegt Deutschland, was die Kapazität anbelangt, Platz 2 hinter den USA. In anderen europäischen Ländern wie Tschechien, Dänemark und Irland werden die Produktionsanlagen erweitert und ausgebaut. In Irland beispielsweise wird die gentechnische Herstellung mit Hilfe von Säugetierzellen forciert.

Die Nachfrage nach Fachkräften im biotechnologischen Sektor steigt stetig. In Deutschland wurden daher spezielle Studiengänge für Biotechnologie an Fachhochschulen in Berlin, Offenbach, Biberach und Bingen etabliert. Darüber hinaus gibt es in Deutschland Ausbildungsberufe wie den Chemikanten, der sich durch Weiterbildung zum Techniker der Fachrichtung Biotechnik spezialisieren kann. Ein solches Weiterbildungsangebot gibt es an der Paul-Ehrlich-Schule in Frankfurt-Höchst.

Im Bereich der Entwicklung gentechnischer Medikamente sind ausländische Unternehmen führend, die auch in Deutschland produzieren. Hierzu gehören *Sanofi-Aventis*, *Abbott* und *Roche*. *Bayer* und *Schering* haben diesen Bereich bereits in den 1990er Jahren in die USA verlagert, da dort die Akzeptanz und die Unterstützung für biotechnologische Forschungsprojekte größer ist.

Neben den größeren Konzernen sind vor allem die mehr als 350 kleinen und mittelständischen Unternehmen der Biotechnologie in Deutschland für Innovation und Fortschritt maßgeblich.

Das erste gentechnische produzierte Medikament, nämlich Humaninsulin, wurde bereits 1982 zugelassen. 1987 erfolgte die erste Herstellung eines gentechnischen Präparats in Deutschland, und zwar in Biberach an der Riss. Es handelte sich um Alteplase, ein Medikament zur Auflösung von Blutgerinnseln.

10.6.2 Patentschutz für gentechnische Erfindungen

Der Patentschutz für gentechnische Innovationen war lange Zeit umstritten, vor allem dann, wenn einzelne Gensequenzen patentiert wurden. Es wurde argumentiert, solche Gene seien nicht patentierbar, da sie in der Natur natürlich vorkommen. Einige Unternehmen benötigen diese Genmerkmale, um Krankheiten wie bestimmte Krebsarten zu diagnostizieren.

Nach langer Debatte wurde 1998 im Europäischen Parlament die Richtlinie über den rechtlichen Schutz biotechnologischer Erfindungen in Kraft gesetzt. Die Biopatent-Richtlinie beinhaltet, dass die Erteilung eines Patents erfolgen kann, wenn die Erfindung neu ist und auf erfinderischer Tätigkeit basiert. Die gewerbliche Anwendung, die als drittes Kriterium im deutschen Patentrecht verankert ist, wird in der Praxis selten genau überprüft, da die kommerzielle Verwertung letztlich eine Ermessensfrage ist.

Die Grundlagenforschung ist von der Schutzwirkung des Patents ausgenommen, um die Wissenschaft nicht zu behindern und eine weitere Verbesserung einer Innovation zu ermöglichen.

In Deutschland wurde die Biopatentrichtlinie erst im Dezember 2004 in nationales Recht umgesetzt und mit einer Einschränkung versehen, die menschliche Gensequenzen in der Patentierung weiter restriktiv behandelt. In anderen Ländern sind solche Vorbehalte im Gesetz nicht vorgesehen. Die Einschränkung ist allerdings nur dann bindend, wenn das Patent beim Deutschen Patentamt und nicht beim Europäischen Patentamt eingereicht wird.

10.7   Forschungsschwerpunkte

Die in Deutschland zurzeit laufenden Projekte befassen sich mit 130 Krankheiten, wobei die Behandlung von Krebserkrankungen einen Löwenanteil ausmacht. Mehr als ein Drittel aller Forschungsprojekte entfallen auf diesen Bereich, der als expansiv gilt.

Fast 97 Prozent aller Forschungen beziehen sich auf schwere Erkrankungen, die lebensbedrohliche Ausmaße annehmen können.

Nur ein verschwindend geringer Prozentsatz konzentriert sich auf nicht lebensbedrohliche Erkrankungen wie Sexualstörungen, Beschwerden der Wechseljahre oder Inkontinenz.

10.7.1   Die innovative Krebsforschung

Die Krebsforschung steht eindeutig im Zentrum der meisten Forschungsprojekte, denn Krebserkrankungen sind die zweithäufigste Todesursache in

Deutschland. Dank der Biotechnologie wurden in den letzten Jahrzehnten deutliche Fortschritte in diesem Sektor erzielt.

Zu den innovativsten Krebsmedikamenten zählen unterschiedliche Wirkstoffklassen. Einige moderne Krebsmedikamente können die Signalweiterleitung an Tumore und damit ein Wachstumssignal abschirmen (Signalhemmer). Andere Präparate riegeln die Versorgung mit Blut ab, so dass der Tumor keine Nährstoffe aus der Blutbahn mehr erhält. Viele Tumore zapfen nämlich zusätzliche Blutgefäße an, um sich mit den für das starke Wachstum erforderlichen Nährstoffen zu versorgen. Diese Medikamentenklasse bezeichnet man als Angiogenese-Hemmer. Diese Präparate haben eine breiteres Wirkspektrum, denn sie können bestimmte Signale in den Zellen blockieren, die für die Hormonregulierung zuständig sind und so den Einsatz von Botenstoffen regulieren. Wirkstoffe mit diesem erweiterten Spektrum werden Kinase-Hemmer genannt.

Ein anderer Ansatzpunkt besteht darin, Krebszellen zu enttarnen oder zu entlarven. Dadurch werden sie für das körpereigene Immunsystem verwundbar. Eine solche Krebsbehandlung beruht auf therapeutischen Impfstoffen oder so genannten antigenbasierten Immuntherapeutika.

Diese Krebspräparate gelten als Medikamente der neueren Generation. Daneben gibt es noch die bereits seit Jahrzehnten eingesetzten Zytostatika, die die Zellteilung hemmen. Die am häufigsten untersuchte Krebsform ist Lungenkrebs, gefolgt von Prostata-, Brust- und Darmkrebs.

10.7.2   Herz-Kreislauf-Erkrankungen

Eine ebenso zentrale Stellung haben Herz-Kreislauf-Erkrankungen in der pharmakologischen Forschung, denn diese sind die häufigste Todesursache in Deutschland. Medikamente in diesem Bereich sind darauf ausgerichtet, Blutgerinnsel zuverlässig aufzulösen oder zu verhindern, um Embolien, Thrombosen und Herzinfarkten vorzubeugen. Darüber hinaus erforschen Unternehmen, wie das gesundheitsförderliche Cholesterin mit hoher Dichte (HDL) gesteigert werden kann. Zudem werden neue Präparate zur Senkung des Blutdrucks erforscht, da manche Patienten auf die bisherigen Medikamente nur unzureichend ansprechen.

10.7.3   Diabetes

Diabetes ist eine der häufigsten Erkrankungen in Deutschland; die Zahl der
Betroffenen wird auf über 6 Millionen geschätzt. Zahlreiche Forschungsprojekte befassen sich mit der Zuckerkrankheit und den Folgeerkrankungen wie
beispielsweise Durchblutungsstörungen und Netzhauterkrankungen. Weitere Projekte konzentrieren sich auf den Diabetes Typ 1, bei dem die Insulin
produzierenden Zellen der Bauchspeicheldrüse zerstört werden. Neue Medikamente sollen diesen Prozess aufhalten oder verlangsamen.

10.7.4   Infektionskrankheiten

57 Projekte fokussieren sich auf die Prävention oder Behandlung von Infektionskrankheiten. Bis 2013 sollen neue Antibiotika gegen bakterielle Infektionen auf den Markt kommen. Besonders intensiv werden Infektionen
durch Bakterien untersucht, die gegen herkömmliche Antibiotika bereits
völlig resistent sind. In Krankenhäusern spielt MRSA (Methicillin resistenter
Staphylococcus aureus) eine Rolle; denn Patienten, die sich infizieren, können in einen lebensbedrohlichen Zustand geraten. Zurzeit wird ein Impfstoff
gegen MRSA entwickelt. Darüber hinaus versucht man, die Behandlung von
Tuberkulose zu verbessern und die Behandlungsdauer von derzeit über
einem halben Jahr zu verkürzen.

Weitere Forschungsschwerpunkte sind HIV-Infektionen und die Bekämpfung der Folgeerkrankungen. Darüber hinaus widmen sich mehrere Projekte
der so genannten „Schweinegrippe" vom Typ H1N1. Mehrere Impfstoffe
sollen Schutz gegen die sich ausbreitende Grippe gewähren.

Die Impfstoffforschung wird forciert; in Deutschland sucht man unter anderem nach Impfstoffen gegen Meningitis und Malaria. Darüber hinaus wird
fieberhaft nach einem Medikament gegen die in Afrika und in Teilen Latein-
amerikas vorherrschende Flussblindheit gesucht, die durch mikroskopisch
kleine Larven verursacht wird.

10.7.5   Autoimmunkrankheiten

Autoimmunkrankheiten sind weitverbreitet und führen zu Entzündungen, die sich nur schwer eindämmen lassen. Hierzu rechnet man beispielsweise Asthma, Rheumatoide Arthritis, Multiple Sklerose, Schuppenflechte und Morbus Crohn.

Zahlreiche pharmakologische Forschungsprojekte in Deutschland befassen sich mit diesen Autoimmunerkrankungen. Ein Ansatzpunkt ist der Versuch, die Kommunikation mit Immunzellen zu stören, um die Entzündungen im Vorfeld zu verhindern.

10.7.6   Neurodegenerative Krankheiten

Elf Forschungsprojekte sind auf neurodegenerative Erkrankungen wie Alzheimer ausgerichtet. Diese Krankheiten nehmen in Deutschland aufgrund der ständig steigenden Lebenserwartung deutlich zu. Fast eine Million Menschen sind von Alzheimer-Demenz und der Parkinson-Krankheit betroffen. Einige Arzneimittel-Entwicklungen zielen darauf ab, die Bildung von Ablagerungen im Gehirn (so genannte Beta-Amyloid-Plaques) zu verhindern.

10.7.7   Psychische Erkrankungen

Zahlreiche Forschungen untersuchen psychische Erkrankungen wie Depressionen und Schizophrenie. Hierbei ist es vor allem entscheidend, bessere Medikamente zu finden, die weniger Nebenwirkungen aufweisen.

10.8   Die neuen Wirkstoffe

Zurzeit werden fast 230 neue Wirkstoffe entwickelt. Der Fachbegriff dafür lautet „New Molecular Entities"(NME). Ein Großteil davon wird durch chemische Synthese hergestellt; andere Medikamente werden aus natürlichen Substanzen gewonnen; manche Präparate sind chemische Derivate oder werden vollständig gentechnologisch produziert.

10.8.1   Chemisch hergestellte Wirkstoffe

Mehr als zwei Drittel aller neuen Wirkstoffe werden auf chemischem Wege synthetisiert. Die Zahl der chemisch produzierten Medikamente ist rückläufig, da bio- oder gentechnologische Verfahren oft effektiver und kostengünstiger sind.

Der größte chemisch hergestellte Wirkstoff ist Corticorelin, bei dem es sich um ein menschliches Gehirnhormon handelt. Wie fortgeschritten und technologisch ausgereift die chemische Synthese ist, wird deutlich, wenn man sich vergegenwärtigt, das bei der Produktion dieses Hormons 41 kleinere Moleküle zu einem Molekül mit 658 Atomen zusammengesetzt werden.

10.8.2   Naturstoffe und semisynthetische Wirkstoffe

11 Prozent der in Deutschland durchgeführten Projekte befasst sich mit Substanzen aus der Natur und halbsynthetischen Präparaten, zu denen auch Impfstoffe gehören.

Zwei davon wirken gegen bakterielle Infektionen und sechs sollen Krebserkrankungen bekämpfen. Ein Forschungsprojekt, das auf Naturstoffen beruht, befasst sich mit dem Wirkstoff Eribulin, der in Meeresschwämmen entdeckt wurde und chemisch synthetisiert werden kann. Er wird als Medikament gegen Brustkrebs erforscht.

Gentechnologische Medikamente gewinnen immer mehr an Bedeutung. In Deutschland gab es 2009 134 Medikamente, die auf Gentechnologie basieren. Ein großer Teil davon waren Impfstoffe. Forschungsprojekte, die unter dem Programm „Perspektive 2013" initiiert wurden, untersuchen 51 gentechnologisch hergestellte Wirkstoffe und haben einen Anteil von 22 Prozent am gesamten Forschungsvolumen.

Zur Herstellung dienen riesige Tanks mit Bakterien, Hefe- oder Säugetierzellen. Die meisten gentechnischen Medikamente werden entweder injiziert oder durch Infusion oder Inhalation verabreicht. Ein wichtige Rolle spielen insbesondere monoklonale Antikörper. 2009 gab es in Deutschland 20 verschiedene monoklonale Antikörper, die zur Behandlung zugelassen waren, darunter gegen Krankheiten wie Rheumatoide Arthritis und diverse Krebserkrankungen.

10.8.3   Neuer Einsatz für bekannte Wirkstoffe

Ein weiterer Forschungsschwerpunkt ist die Entwicklung neuer Darreichungsformen, die für den Patienten leichter anwendbar sind oder eine bessere Wirkung entfalten. So versucht man, die Injektion durch die orale Einnahme zu ersetzen. Experten bezeichnen dies als galenische Innovation. In
Deutschland gibt es zurzeit 105 Forschungsprojekte, die sich mit diesem
Fachgebiet beschäftigen. So konnte beispielsweise ein Medikament gegen
Leukämie auf den Markt gebracht werden, das nun als Tablette geschluckt
werden kann und früher über Infusionen verabreicht wurde.

10.9   Langfristige Trends

Ab dem Jahr 2014 sollen weitere Medikamente verfügbar sein, die gegen die
Alzheimer-Demenz und vor allem gegen Krebs wirksam sein werden. 2005
wurde ein Vorgang in Körperzellen entdeckt, der den Schutzmechanismus
gegen Tumoren auslöst. Dieser Prozess wird als Zellseneszenz bezeichnet.

Es wird prognostiziert, dass in einigen Jahren Krebserkrankungen noch wesentlich effektiver behandelt werden können. Die Pharmakologie wird aber
auch erhebliche Fortschritte im Bereich Diabetes und bei der Behandlung
von HIV erzielen. Ein weiterer Fokus der Forschung sind Krankheiten, die
überwiegend in Entwicklungsländern auftreten wie Malaria, aber auch Tuberkulose und das Dengue-Fieber.

In Zukunft werden die Genprofile von Patienten in die Behandlung mitein-
bezogen werden, um eine optimale Behandlung und Dosierung von Medikamenten sicherzustellen.

Noch innovativer sind Projekte, bei denen an Krebs erkrankte Patienten
eigene Antikörper gegen den Tumor bilden. Solche passgenauen Antikörper
heften sich an die Krebszelle und zerstören sie. Zukünftige Medikamente
könnten gezielt in die genetische Struktur der Zelle eingreifen und einzelne
Gene abschalten.

10.10   Tissue Engineering

Das Tissue Engineering gilt als zukunftsträchtiges und innovatives Forschungsgebiet; menschliche Zellen werden außerhalb des Körpers vermehrt
und zu Organen geformt, die implantiert werden können. Bei der Herstellung von Haut ist dies bereits heute Standard; auch Knochen können bereits
systematisch im Labor herangezüchtet werden. Forschern gelang es zudem,
eine Harnblase künstlich aus Zellen zu modellieren. Ziel ist es, auch viel-
schichtige Organe wie das Herz und Nieren im Labor zu formen.

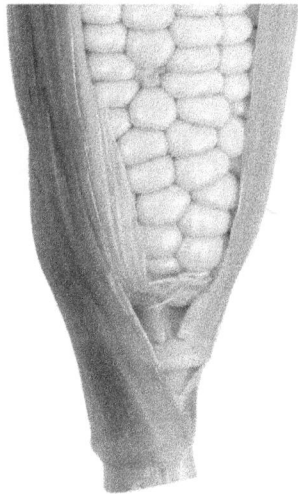

11   Die Biotechnologiebranche

Die Biotechnologie gilt zu Recht als eine der entscheidendsten Technologien des 21. Jahrhunderts und wird umwälzende Innovationen und Veränderungen hervorbringen. Innerhalb weniger Jahrzehnte konnte sie sich neben der bereits erfolgreichen Informationstechnologie etablieren. Der erste Börsengang eines biotechnologischen Unternehmens erfolgte im Oktober 1980, als *Genentech* an die Börse ging. Das IPO wurde zu einem grandiosen Erfolg, der der Biotechnologie in Investmentkreisen zu hohem Ansehen verhalf. Die Aktie erhielt das bezeichnende Reuters-Kürzel DNA. Als Emissionspreis hatten die Initiatoren 35 US-Dollar geplant; schon kurze Zeit nach der Erstnotierung stand die Aktie bei 88 US-Dollar. Obgleich es ähnliche Kurssprünge in den Boomzeiten der New Economy gab, war diese Kursrallye im Jahr 1980 ohne Beispiel, zumal das Börsenumfeld in jener Zeit schwierig war.

Im Jahr 1983 wurde das zweite biotechnologische Unternehmen an der Börse platziert: *Amgen*. Noch heute ist *Amgen* der größte Biotechnologiekonzern der Welt.

1991 wurde erstmals in den USA ein Aktienindex für Biotechnologiewerte, der Amex Biotechnology, eingeführt. Er bezieht sich auf die wichtigsten Biotechnologieunternehmen, die an der *American Stock Exchange* (Amex) notiert sind. Die Amex ist die zweitwichtigste Börse nach der *New York Stock Exchange* (NYSE) in den USA. Die meisten Biotechnologietitel werden jedoch an der elektronischen Technologiebörse *NASDAQ* gehandelt. Der NASDAQ Biotechnology Index wurde erstmals 1993 berechnet. 1995 kam mit *Pictet Biotech* der erste Investmentfonds in Deutschland auf den Markt, der sich ausschließlich mit Biotechnologieaktien befasste.

Den größten Boom erreichten Biotechnologiewerte zur Zeit der New Economy um die Jahrtausendwende. Mit den Technologieaktien und Internet-

werten boomte auch die Biotechnologie. Seinen absoluten Rekord hatte der
NASDAQ Biotechnology Index, der die meisten Aktien der Branche umfasst,
im März 2000 mit einem Punktestand von 1596 Punkten.

11.1   Chancen und Risiken von Investments

Inzwischen gibt es Tausende von Biotechnologieunternehmen weltweit, und
die USA sind in dieser Branche führend. Dennoch sind Investments in Biotechnologie schwierig. Zwar ergeben sich außergewöhnliche Chancen, aber
ebenso viele Risiken.

Wenn ein Biotechnologieunternehmen einen Durchbruch erzielt und beispielsweise ein Medikament gegen Krebs, Diabetes oder andere Krankheiten
erfolgreich auf den Markt bringt, dann steigt der Aktienkurs meist enorm in
die Höhe. Das Kursniveau kann sich innerhalb kürzester Zeit vervielfachen.
In kaum einer Branche gibt es solche einzigartigen Investmentchancen. Dennoch sollte man stets die Risiken beachten. Viele Biotechnologieunternehmen
verfügen nur über eine bescheidene Eigenkapitalbasis; um ein Medikament
zur Marktreife zu entwickeln, dauert es viele Jahre, und die Forschungs-
arbeit wird meist von Investoren finanziert. Das Gros der Biotechnologieunternehmen erzielt über viele Jahre keine Gewinne und schreibt fortlau-
fend Verluste. In der Pipeline, so der Fachbegriff, befindet sich häufig nur
ein einziges Medikament oder bestenfalls werden einige wenige Wirkstoffe
parallel erforscht. Nach vielen Jahren stellt sich am Ende möglicherweise
heraus, dass der Wirkstoff gefährliche Nebenwirkungen nach sich zieht, so
dass das Projekt vor dem Aus steht. Dies bedeutet fast überwiegend das
Ende des Unternehmens. Auch geringfügige Nebenwirkungen können in
vielen Ländern bei den Zulassungsbehörden auf Ablehnung stoßen, zumal
die Unternehmen nachweisen müssen, dass das neue Medikament Vorteile
gegenüber der herkömmlichen Standardbehandlung hat.

In den USA ist für die Zulassung von Medikamenten die *Food and Drug Administration* (FDA) zuständig, die sehr sorgfältig und akribisch die Studien
prüft. In den USA können Nebenwirkungen bei Medikamenten zu extrem
hohen Schadenersatzforderungen führen. In Europa prüft zentral die *Euro-
pean Medicines Agency* (EMEA) die Zulassung von neuen Medikamenten.

Wird ein Medikament abgelehnt, so führt dies bei einem Unternehmen zu einem drastischen Kurseinbruch, der bei über 90 Prozent liegen kann. Manche Aktien sacken bei einer verweigerten Zulassung regelrecht in den Keller und erholen sich nie mehr von diesem Kurssturz. Auch bei Unternehmen, die breiter aufgestellt sind und mehrere Wirkstoffe in der Pipeline haben oder sogar über ein zweites Standbein (im Bereich Diagnose oder Bioinformatik) verfügen, führt eine Zurückweisung durch die Arzneimittel-Zulassungsbehörde zu einem herben Rückschlag.

Anleger sollten sich dieses enormen Risikos stets bewusst sein. Nur große Pharmakonzerne können solche Verwerfungen relativ unbeschadet überstehen, wenngleich einige Pharmaunternehmen relativ abhängig von gewissen Blockbustern sind. Wenn ein Patent abläuft und Generikahersteller auf den Markt drängen, müssen auch große Pharmaunternehmen Einbußen hinnehmen.

Obwohl es weltweit Zehntausende von Präparaten auf dem Markt gibt, sind nach Expertenmeinung nur einige hundert Grundstoffe von Bedeutung. Bei den meisten Medikamenten handelt es sich um Kombinationspräparate, die aus Marketinggründen kreiert wurden.

Die Arzneimittelforschung ist ein steiniges Terrain, da die Entwicklung eines neuen Medikaments sehr viel Zeit in Anspruch nimmt und Milliarden kostet. Rückschläge und Misserfolge sind immer möglich und treten bisweilen nach vielen Jahren intensiver Forschung zutage. Insofern sind Investments in Biotechnologie von vielen Risiken geprägt.

Manche Biotechnologieunternehmen versuchen die Risikolastigkeit zu senken, indem sie neben der Biotechnologie auf Diagnostik setzen. Durch diese Diversifikation wird die Gefahr einer Insolvenz reduziert, da die Diagnostik als Cashcow das Unternehmen in die Gewinnzone befördert. Anleger sollten solche Unternehmen aber eher als „IT-Unternehmen" betrachten, die auf dem Gebiet der Bioinformatik tätig sind. Die IT-Branche hat andere Rahmenbedingungen und daher auch ein anderes Umsatzpotenzial.

Von den tausenden Biotechnologieunternehmen sind schätzungsweise nur 10 bis 20 Prozent börsennotiert. Diese Zahl sollte man jedoch nicht unterschätzen, da in anderen Branchen wie dem Maschinenbau die Zahl der börsennotierten Aktiengesellschaften noch weitaus geringer ist. Viele Unternehmen haben zumindest in Deutschland die Rechtsform einer GmbH. In

der Biotechnologie dominiert aufgrund des hohen Kapital- und Investitions-
bedarfs die Kapitalmarktorientierung.

Die genaue Zahl der Biotechnologieunternehmen lässt sich nicht eindeutig
beziffern, da einige Unternehmen stärker im Bereich der Diagnose tätig sind
und sich eher als IT-Unternehmen verstehen. Auch die Abgrenzung zu herkömmlichen Pharmaunternehmen ist nicht immer nachvollziehbar, zumal
viele Pharmakonzerne etliche Biotechnologiefirmen übernommen haben.
Weltweit führend sind die USA, gefolgt von Europa und Asien (insbesondere Japan). Kanada und Australien gehören ebenfalls zu den Spitzenreitern,
was die Gründung von Biotechnologieunternehmen anbelangt.

11.2   Die Analyse von Biotechnologiewerten

Die Analyse gestaltet sich relativ schwierig, da der Kurs einer Biotechnologieaktie primär vom Erfolg eines neuen Wirkstoffs abhängt. Da Biotechnologieunternehmen vor allem fremdfinanziert sind, schlägt sich die Nachrich-
tenlage sofort im Kurs nieder und kann zu beachtlicher Volatilität führen.
Kurssprünge von 20, 30 oder 40 Prozent sind keineswegs selten. Jedes noch
so unwahrscheinliche Gerücht kann den Aktienkurs steigen oder fallen lassen. Für Privatanleger ist es zudem schwierig, die Forschungslage zu ermitteln, denn eine Art Übersichtsdienst über die verschiedenen Entwicklungen
in der Biotechnologie gibt es bislang noch nicht.

Es erfordert ein hohes Maß an Recherche, um aussichtsreiche Projekte herauszufiltern, und ein überdurchschnittliches Fachwissen, um die Chancen
angemessen zu beurteilen. Experten, die allerdings gründlich recherchieren,
können durchaus einzelne Forschungsgebiete ausfindig machen, die eine
realistische Chance auf einen Durchbruch haben. Ein Anleger, dem es gelingt, ein solches Unternehmen rechtzeitig zu identifizieren, kann sein eingesetztes Kapital vervielfachen. Dennoch sollte man niemals außer Acht lassen,
dass Wirkstoffe in der Zulassungsphase noch scheitern können, wenn eine
Studie bisher unbekannte Nebenwirkungen zutage fördert. Besonders problematisch ist es natürlich für Laien, die Erfolgsaussichten eines biotechnologischen Projekts einzuschätzen, da viele Biotechnologieunternehmen oft
„wissenschaftslastig" sind und das ökonomische Potenzial nicht allgemein

verständlich darzustellen vermögen. Daher werden viele Innovationen und Durchbrüche in der Biotechnologie von den Investoren und Anlegern nur verspätet wahrgenommen. Erschwert wird die Aktienanalyse zudem durch unzulängliche Kennzahlen, da viele Biotechnologieunternehmen in den Anfangsjahren nur Verluste erwirtschaften und daher beispielsweise kein positives Kurs-Gewinn-Verhältnis vorweisen. Die herkömmliche Fundamentalanalyse von Aktien ist dadurch weniger hilfreich. Anleger sollten sich nicht von wenig begründeten Umsatz- und Gewinnprognosen beeindrucken lassen, die auf reinen Zukunftsprojektionen beruhen. Solche Prognosen können sich sehr schnell als unzutreffend erweisen. Eine einigermaßen fundierte Fundamentalanalyse ist nur bei Biotechnologieunternehmen möglich, die sich bereits in der Gewinnzone befinden. Häufig handelt es sich dann aber eher um Pharmaunternehmen oder Biotechnologieunternehmen, die auch in anderen Bereichen wie der analytischen Biotechnologie tätig sind.

11.2.1 Investmentchancen in der medizinischen Biotechnologie

Die medizinische Biotechnologie ist eines der Fachgebiete, das in der Öffentlichkeit die größte Akzeptanz findet. Die Herstellung neuer Medikamente und Impfstoffe und die schnelle und zuverlässige Produktion von Arzneimitteln gilt als vordringliche Aufgabe mit hoher Priorität. Insofern bietet die rote Biotechnologie, wie sie auch genannt wird, ein enormes Potenzial mit entsprechenden Risiken. Kaum ein anderer Zweig der Biotechnologie gilt als so vielversprechend und lukrativ. Fast die Hälfte aller weltweit bestehenden Biotechnologieunternehmen gehört zu diesem Sektor. In Deutschland beträgt ihre Zahl über 500, davon sind allerdings nur einige wenige börsennotierte Aktiengesellschaften.

Etliche Biotechnologieunternehmen wurden bereits von etablierten Pharmakonzernen übernommen, die damit ihr Produktportfolio diversifizieren. Anders als die relativ volatilen und krisenanfälligen Biotechnologieaktien galten Pharmatitel lange Zeit als „Witwen- und Waisenpapiere", da die Pharmaindustrie als krisensicher und konjunkturresistent eingestuft wurde. In den letzten Jahren haben drastische Einschnitte im Gesundheitswesen, eine zunehmende Regulierung der Arzneimittelpreise und ein Auslaufen von wichtigen Patenten dafür gesorgt, dass viele Pharmaunternehmen unter einen stärkeren internationalen Wettbewerbsdruck gerieten.

Unternehmen
AstraZeneca
Brisol-Myers Squibb
GlaxoSmithKline
Johnson & Johnson
Merck
Novartis
Pfizer
Roche
Sanofi-Aventis
Wyeth

Abb. 1:   Pharmaunternehmen

Die Behandlung von Zivilisationskrankheiten wie Krebs, Diabetes, Herz-Kreislauf-Erkrankungen, Alzheimer, Multipler Sklerose oder Rheuma hat ein enormes wirtschaftliches Potenzial und stellt einen milliardenschweren Markt dar.

Die meisten Biotechnologieunternehmen sind in diesem Sektor angesiedelt. In Deutschland sind bereits über 120 Medikamente auf dem Markt, die gentechnologisch hergestellt werden. Ein Großteil der herkömmlichen Medikamente entsteht mit Hilfe bio- oder gentechnologischer Prozesse. Mit der zunehmenden Lebenserwartung wird es immer wichtiger, die Versorgung mit kostengünstigen Medikamenten, die gegen Alterserscheinungen wirken, sicherzustellen.

Das Potenzial ist beachtlich, denn ein neues, wirksames Medikament könnte weltweit eingesetzt werden und würde Umsätze in Milliardenhöhe generieren. Auch wenn viele Länder den Gesundheitsmarkt weitgehend reguliert haben, sind insbesondere die USA ein lukrativer Absatzmarkt, in dem es kaum nennenswerte Beschränkungen gibt.

Anleger sollten jedoch beachten, dass Biotechnologieunternehmen, die nur einen einzigen Wirkstoff in der Pipeline haben, besonders anfällig für Kursschwankungen sind. Bei einer Nichtzulassung droht das endgültige Aus und die unvermeidliche Insolvenz. Ein ausgewogenes Investment sollte daher eine Vielzahl von Biotechnologieunternehmen vorsehen, um eine vernünftige Risikostreuung zu ermöglichen. Selbst bei großen Portefeuilles ist es indes nicht immer möglich, zehn oder mehr verschiedene Positionen aufzubauen. Dann empfiehlt es sich, auf spezialisierte Investmentfonds oder besser noch auf ETFs (passive, börsengehandelte Indexfonds) auszuweichen, die allerdings noch nicht für die Branche der Biotechnologie vorhanden sind. Anleger können mit ETFs nur auf den gesamten Gesundheitssektor setzen.

Das Kurspotenzial einer Biotechnologieaktie ist am größten, wenn das Unternehmen einen Durchbruch erzielt und einen neuen Wirkstoff auf den Markt bringt. In den ersten Jahren, wenn die größten Umsätze erreicht werden, steigt meist auch der Aktienkurs ungebremst. Ist das Medikament bereits mehrere Jahre auf dem Markt, dann konsolidiert der Kurs häufig und das Kurspotenzial ist eher gering.

Anleger, die den größten Kursanstieg verbuchen möchten, sollten eine solche Aktie erwerben, bevor die offizielle Zulassung des Medikaments erfolgt. Es ist aber relativ schwierig, eine solche Vorhersage zu treffen. Investoren, die jedoch solche „Highflyer" rechtzeitig aufspüren, können beachtliche Gewinne einfahren.

11.2.2   Risiken in der roten Biotechnologie

Die medizinisch angewandte Biotechnologie birgt etliche, nur schwer einzuschätzende Risiken. Die Entwicklungskosten für ein neues Medikament sind beträchtlich und gehen in die Milliarden. Viele Biotechnologieunternehmen finanzieren die gesamte Entwicklung durch Kredite, was solche Unternehmen für Insolvenzen sehr anfällig macht. Dies gilt vor allem, wenn das Unternehmen nur einen einzigen Wirkstoff in der Pipeline hat. Obwohl etliche Biotechnologiefirmen mehrere Wirkstoffe parallel erforschen, kann es sich am Ende herausstellen, dass alle Substanzen nicht für die Behandlung am Menschen geeignet sind. Trotz umstrittener Tierversuche lässt sich die Wirkung am Menschen nie zuverlässig vorhersagen, und manche Arzneimittel entwickeln ihre toxische Wirkung nur unter bestimmten Umständen wie beispielsweise während der Schwangerschaft.

Die Entdeckung neuer Medikamente ist selten, und oft benötigt die Forschung fast ein Jahrzehnt, ehe ein neuer Wirkstoff auf den Markt gelangt. Hinzu kommt, dass die meist kleinen Biotechnologieunternehmen bei der industriellen Produktion eines neuen Medikaments an die Grenzen der Kapazitätsauslastung geraten und deshalb häufig eine Kooperation mit einem großen Pharmaunternehmen bevorzugen. Während Biotechnologieunternehmen bisweilen weniger als hundert Mitarbeiter beschäftigen, haben internationale Pharmakonzerne mehr als 100.000 Beschäftigte.

Einige Biotechnologieunternehmen der ersten Stunde haben aber dank ihres Wachstums bereits den Status eines Pharmaunternehmens erreicht, da sie ein breit gefächertes Medikamenten-Portfolio vorweisen können. Hierzu zählen Biotechnologiegrößen wie *Amgen, Biogen, Genzyme* und *Genentech*, das bereits von einem Pharmakonzern übernommen wurde.

Bei vielen Medikamenten spielt auch das Marketing eine ausschlaggebende Rolle, denn erst dadurch wird ein neues Präparat zum Umsatzbringer und Blockbuster. In vielen Ländern jedoch ist Werbung für rezeptpflichtige Arzneimittel vollständig verboten oder eingeschränkt.

Kleine Biotechnologieunternehmen sind auf Kooperationspartner angewiesen, die den neuen Wirkstoff in großen Mengen herstellen und vertreiben können. Die Pharma- und Biotechnologiebranche ist personalintensiv und benötigt hoch qualifizierte Wissenschaftler, was zu entsprechend hohen Personalkosten führt. Auf der Pharma- und Biotechnologiebranche lastet ein enormer Innovationsdruck, denn die Zahl der neu entdeckten Wirkstoffe hat im Laufe der Jahre abgenommen. Viele Bereiche wurden bereits nach neuen Arzneimitteln durchsucht. Viele Pharmakonzerne sind auf die Kooperation mit Biotechnologieunternehmen angewiesen, da die Forschung schwerpunktmäßig dort stattfindet. In der Pharmaindustrie gilt eine Umsatzrendite von 20 Prozent als üblich; eine so hohe Rentabilität kann nur durch ein breites Arzneimittel-Portfolio erreicht werden.

Auf die Weltmärkte drängen zunehmend Generika-Hersteller, die kostengünstig Nachahmerpräparate auf den Markt bringen, sobald der Patentschutz eines Medikaments erloschen ist. In einigen Ländern werden sogar Patente zeitweise übergangen, um die eigene Bevölkerung mit lebensnotwendigen Medikamenten zu versorgen. Für die Pharmaindustrie ist das Umfeld in den letzten Jahren erheblich schwieriger geworden. Dennoch ergeben sich dank des anhaltenden Fortschritts in der Biotechnologie neue Möglichkeiten. Der Sprung von der Theorie in die Praxis ist jedoch bislang groß, und trotz vieler neuer bahnbrechender Erkenntnisse, die in Zukunft eine Revolutionierung der Medizin versprechen, steht die praktische Umsetzung noch ganz am Anfang.

11.2.3 Investmentchancen in der grünen Biotechnologie

Die grüne Biotechnologie wird kontroverser beurteilt und stößt in der Bevölkerung auf deutliche Vorbehalte und etliche Bedenken. Genveränderte Pflanzen und der erhöhte Einsatz von Herbiziden wird kritisiert; auch genveränderte Nahrungsmittel stoßen in Europa auf beharrliche Ablehnung. Die grüne Biotechnologie ist aus Sicht der Investoren riskanter und größeren Unwägbarkeiten unterworfen. Zu den Ländern, die gezielt auf grüne Biotechnologie setzen, gehören neben den USA, die eine Vorreiterrolle innehaben, Argentinien, Brasilien und Kanada.

In Deutschland wurden lange Zeit keine genveränderten Pflanzen zugelassen. Und auch heute ist es fast unmöglich, eine Genehmigung für den Anbau solcher Pflanzen zu erhalten. Mehrere Prozesse in den USA haben die grüne Biotechnologie ins Abseits gerückt. Anders als in der medizinisch ausgerichteten Sparte wird die grüne Biotechnologie von großen Chemiekonzernen dominiert, die häufig bereits in der Düngemittelproduktion aktiv sind. Diese Agrokonzerne, zu denen Unternehmen wie BASF, Bayer, Monsanto und Syngenta zählen, erhoffen sich von der grünen Biotechnologie einen Synergieeffekt, der auch die anderen Unternehmensbereiche beflügelt, die meist im Vordergrund stehen.

Trotz der Vorbehalte hat die grüne Biotechnologie angesichts des starken Wachstums der Weltbevölkerung und der Verödung großer landwirtschaftlicher Flächen ein nicht zu unterschätzendes Zukunftspotenzial. Schon heute kaufen Schwellenländer wie China oder einzelne Staaten im Nahen Osten Agrarland an. Einzelne Experten sehen in der Land- und Forstwirtschaft eine wichtige Boombranche des 21. Jahrhunderts. Dennoch können öffentliche

Proteste und eine restriktive Gesetzgebung zu deutlichen Kursschwankungen und Einbußen führen.

11.2.4   Investmentchancen in der weißen Biotechnologie

Die weiße Biotechnologie umfasst die Produktion von Enyzmen, Aminosäuren, Vitaminen und Aromen sowie die Herstellung von abbaubaren Kunststoffen. Sie ist bereits seit vielen Jahrzehnten erfolgreich, und wenn man Prozesse wie die Gärung hinzufügt, ein jahrtausendealtes Verfahren.

Die Herstellung von Vitaminen und anderen Nahrungsergänzungsmitteln (Aromen, Lebensmittelfarbstoffen usw.) sowie von Kosmetika ist ein Markt mit Milliardenumsätzen. Biokunststoffe halten zunehmend im Alltag Einzug und erfreuen sich großer Beliebtheit, da sie umweltverträglich sind und biologisch abgebaut werden können.

Unternehmen	Schwerpunkt
Ajinomoto	Aminosäuren
Alligator	Molekulardesign
Archer-Daniels-Midlands (ADM)	Biopolymere (Biokunststoffe)
Cargill Dow	Biopolymere
Evonik	Aminosäuren
Lonza	Feinchemikalien
Maxygen	Molekulardesign
Metabolix	Biopolymere
Novozymes	Enzyme
Prokaria	Enzyme
Proteus	Enzyme
Senomyx	Zusatzstoffe
Tanabe	Aminosäuren

Abb. 2:   Beispiele für Unternehmen aus der weißen Biotechnologie

Für Investoren ist es schwierig, in die weiße Biotechnologie zu investieren, da die wichtigsten Unternehmen meist Chemiekonzerne sind, bei denen die weiße Biotechnologie einen kleineren Bereich ausmacht. Jedoch gelten Unternehmen wie *BASF, Bayer, Henkel, Wacker Chemie, Lanxess* und andere als führend und zeichnen sich durch beachtliche Innovationen aus. Dennoch wird der Aktienkurs dieser Unternehmen vorwiegend durch die Chemiesparte und nicht durch die weiße Biotechnologie beeinflusst. In fast allen Fällen wird der Umsatz, der durch weiße Biotechnologie generiert wird, nicht gesondert ausgewiesen, da vielfach chemische und biotechnologische Prozesse miteinander verwoben sind, so dass eine klare Trennung nicht immer möglich ist.

In den letzten Jahren haben sich aber immer mehr Unternehmen etabliert, die sich ausschließlich oder überwiegend auf die weiße Biotechnologie konzentrieren. Es handelt sich dabei um kleinere Unternehmen, die sich auf bestimmte Nischen spezialisiert haben.

Die weiße Biotechnologie, mit der der Verbraucher fast täglich in Berührung kommt – sei es in Form von Nahrungszusatzmitteln, Enzymen, Wasch- und Reinigungsmitteln – spielt in der öffentlichen Wahrnehmung kaum eine Rolle. Dieser Bereich steht daher etwas im Schatten der medizinisch genutzten Biotechnologie, die durch sensationelle Entdeckungen stärker im Fokus der Berichterstattung steht.

Dennoch hat auch die kaum beachtete weiße Biotechnologie interessante Zukunftsperspektiven. So gelten Biopolymere, die als Biokunststoff Verbreitung finden, als umweltfreundlich und werden zunehmend als Verpackungsmaterial eingesetzt. Auch die Herstellung von Aminosäuren wird an Bedeutung gewinnen, da viele Stoffwechselprozesse im Körper auf Aminosäuren beruhen, so dass diese als Vorstufe eines Medikaments eingesetzt werden können.

12 Unternehmen der Biotechnologie

Im Folgenden werden einige ausgewählte Biotechnologieunternehmen aus dem deutschsprachigen Raum in Einzelporträts vorgestellt, die die einzelnen Forschungsschwerpunkt und -aktivitäten skizzieren.

12.1 AAP Implantate AG

✄ www.aap.de

Die AAP Implantate AG stellt biomedizinische Implantate her. Hierzu zählen beispielsweise Prothesen für Gelenke und temporäre Implantate, die die Heilung von Knochenbrüchen fördern sollen. Neben Prothesen für Schultern, den Kniebereich und die Hüfte stellt das Unternehmen auch die erforderlichen Nägel, Schrauben und Platten her. Ebenso werden Knochenzemente produziert. Das Unternehmen erforscht Techniken zur Regeneration von Knochen und Weichgewebe.

Bei Knochenbrüchen kommen Metallimplantate aus Titan oder Stahl zum Einsatz.

12.2 Biotest AG

✄ www.biotest.com

Die Biotest AG hat sich auf die Fachgebiete Transfusions- und Transplantationsmedizin spezialisiert und befasst sich zudem mit der Behandlung von Blutkonserven sowie mit der Kontrolle und Hygiene. Das Unternehmen ist auch an der Erforschung monoklonaler Antikörper beteiligt, die zur Behandlung von Autoimmunkrankheiten wie Rheumatoider Arthritis dienen sollen.

Es gibt die vier operativen Unternehmenssegmente: mikrobiologisches Monitoring, medizinische Diagnostik, Plasmaproteine und Biotherapeutika.

Aus Blutkonserven gewinnt das Unternehmen Gerinnungsfaktoren, die zur Behandlung von Blutern unentbehrlich sind, sowie Immunglobuline und Albumine, die bei Infektionskrankheiten für die Immunabwehr in der Notfallmedizin eingesetzt werden. Als besonders dynamischer Wachstumsmarkt entwickelte sich der Sektor der Plasmaproteine. Mikrobiologisches Monitoring ist bei der Reinheitsüberwachung von Laborräumen und Produktionsprozessen unentbehrlich. Spezielle Tests können nachweisen, ob Produkte mit Mikroorganismen belastet sind.

Die medizinische Diagnostik befasst mit der automatisierten Bestimmung von Blutgruppen speziell in Blutbanken.

Zu den Biotherapeutika, die sich noch im Forschungs- und im klinischen Stadium befinden, zählen monoklonale Antikörper, die gegen Rheumatoide Arthritis und Psoriasis (Schuppenflechte) entwickelt werden. Darüber hinaus forscht das Unternehmen an monoklonalen Antikörpern gegen die Krebsart Multiples Myelom.

12.3   Curasan AG

[✆] www.curasan.de

Die Curasan AG befasst sich mit regenerativer Biomedizin. So stellt das Unternehmen synthetisches Knochenaufbaumaterial her, das in der Chirurgie zum Einsatz kommt, aber auch in der Orthopädie und in der Zahnmedizin verwendet wird. Knochenerkrankungen nehmen in der Gesellschaft deutlich zu. Daher steigt die Nachfrage nach Knochenaufbaumaterial ständig. Insbesondere bei Zahnimplantaten spielt Knochenaufmaterial eine wichtige Rolle. Curasan fokussiert sich zunehmend auf diesen lukrativen Sektor der Implantologie und der zahnärztlichen Chirurgie.

Darüber hinaus gehört zur Produktpalette eine Membran, die zur Steuerung von Knochen- und Geweberegeneration wichtig ist, und ein Spezialmedikament zur Behandlung von Gelenken. Curasan erforscht zudem Medikamente, die zu den Biologicals gerechnet werden – also natürlichen Ursprungs sind. Als Zukunftsmarkt gilt die Schnittstelle von synthetischen Biomaterialien und Biologicals, die beispielsweise in der Wundheilung zunehmend Anwendung finden. Zudem produziert Curasan ein Medikament gegen Harnblasenkrebs.

Die regenerative Medizin gilt als wichtiger Zukunftsmarkt, in dem Hauttransplantationen, plastische Chirurgie und Tissue Engineering eine bedeutende Rolle spielen.

12.4 Epigenomics AG

⌖ www.epigenomics.com

Tätigkeitsschwerpunkt der Epigenomics AG ist die Molekulardiagnostik im Bereich der Krebsfrüherkennung. Das Unternehmen stellt komplexe Diagnostiktests her, die auf dem Prinzip der DNA-Methylierung beruhen. Dabei wird eine Base der DNA, das Methylcytosin, zum Ausgangspunkt für die Diagnose genommen. Mit Hilfe von Biomarkern können DNA-Strukturen schnell überprüft und identifiziert werden. Für jeder Krebsart gibt es Biomarker, die zur Früherkennung von Krebs genutzt werden können. Zur Diagnosestellung reicht eine Blutprobe des Patienten aus. Den Durchbruch erzielte das Unternehmen mit der Diagnose von Darmkrebs.

Epigenomics kooperiert mit einer Vielzahl von Pharmaunternehmen, wie AstraZeneca und Wyeth Pharmaceuticals. Darüber hinaus entwickelt das Unternehmen neue Diagnosetests anhand von Gewebeproben. Weitere Forschungsprojekte befassen sich mit der Diagnose von Prostatakrebs durch Urinproben und mit der Früherkennung von Lungenkrebs anhand von Blutproben.

12.5 Eurofins Scientific S.A.

⌖ www.eurofins.de

Das deutsch-französische Unternehmen Eurofins hat sich auf die Bioanalytik spezialisiert. Es entwickelt Untersuchungsverfahren zur Bestimmung des Reinheitsgrades, der Herkunft und der genetischen Veränderung biologischer Produkte.

Solche Analysen sind in der Arzneimittelherstellung, im Umweltschutz und in der Nahrungsmittelbranche unerlässlich, um beispielsweise genveränderte Nahrungsmittel aufzuspüren. Aber auch allergische Substanzen, die in Lebensmitteln enthalten sein können, werden durch Diagnose festgestellt. Ebenso können Lebensmittel auf Bestrahlung, Vitamingehalt oder hochgiftige Dioxine hin untersucht werden. Die breit gefächerten Diagnoseverfahren ermöglichen auch die Untersuchung von Allergie auslösenden Inhaltsstoffen in Kosmetika. Als bahnbrechend gilt eine Technologie, bei der „Fingerabdrücke" von biologischen Substanzen angefertigt werden können, um deren Authentizität oder die genetische Veränderung nachweisen zu können. Als Verfahren dient dazu die Real Time PCR (Polymerase Chain Reaction).

Eurofins Scientifc verfügt über Labore in vielen europäischen Ländern und in Nordamerika. Dazu wurden Kompetenzzentren eingerichtet, die sich auf bestimmte Themengebiete konzentrieren. So gibt es in Hamburg ein Labor, das speziell auf die Analyse von Rückständen in Lebensmitteln ausgerichtet ist. Eurofins entwickelte beispielsweise auch einen Diagnosetest für das Vogelgrippevirus (H5N1) in Lebensmitteln.

Eurofins verfügt über zahlreiche Niederlassungen und konnte seine Expansion auf viele Länder wie die Slowakei, Finnland, Ungarn und Belgien ausdehnen. Aktivitäten gibt es auch in China, Singapur, Norwegen, Schweden und anderen Ländern.

12.6   Evotec AG

✍ www.evotec.com

Die in Hamburg ansässige Evotec AG versteht sich als ein innovatives Unternehmen, das Wirkstoffe gegen Krankheiten hergestellt. Im Fokus stehen neue Präparate gegen Alzheimer und Schlafstörungen, aber auch generell Medikamente gegen Krankheiten des Zentralen Nervensystems.

Als besonders vielversprechend gilt ein neues Schlafmittel mit einem neuartigen Wirkstoff. Darüber hinaus gehört zur Produktpipeline ein Mao-B-Inhibitor; dieser Wirkstoff soll in der Raucherentwöhnung eingesetzt werden.

Ein wichtiger Bereich der Evotec AG ist die Services Division, auf die sich die auftragsbezogene Wirkstoffforschung und -entwicklung konzentriert. Screening und biologische Testsysteme gehören ebenso dazu.

12.7   Fresenius Medical Care

✍ www.fmc-ag.de

Das bedeutende Unternehmen aus Bad Homburg gilt als führendes Unternehmen im Bereich der Dialysetechnik. Dialyse ist bei schweren Nierenfunktionsstörungen unumgänglich. Aufgrund der steigenden Lebenserwartung der Bevölkerung nehmen solche Störungen deutlich zu. In Deutschland gibt es zu wenig Spendernieren, so dass Patienten oft über einen sehr langen Zeitraum auf die Dialyse angewiesen sind.

Die Fresenius Medical Care bietet darüber hinaus verschiedene Dialyse- und Einmalprodukte an, die bei der Dialyse benötigt werden, und Hämodialyse-Geräte, die zur Blutreinigung eingesetzt werden. Die zukünftige Forschung ist darauf ausgerichtet, tragbare Geräte zu entwickeln, damit die Patienten nicht viele Stunden wöchentlich im Krankenhaus verbringen müssen. Fresenius Medical Care expandiert in Nordamerika und im asiatisch-pazifischen Raum. Das Unternehmen verfügt über ein eigenständiges Forschungsinstitut für Dialyse, das Renal Research Institute, in New York.

12.8   Fresenius SE

✍ www.fresenius.com

Das als europäische Aktiengesellschaft (Societas Europea) geführte Unternehmen bündelt die verschiedenen Geschäftsfelder von Fresenius. Neben Fresenius Medical Care (FMC) befasst sich Fresenius Kabi mit Ernährungs- und Infusionstherapien, die bei Blutverlusten eine Rolle spielen. Ernährungstherapie erfolgt durch intravenöse Infusionen und Sondennahrung.

Ein anderes Geschäftsfeld hat sich auf die Errichtung und Planung von Krankenhäusern spezialisiert und profiliert sich am Markt als Dienstleister in diesem Segment. Im Mittelpunkt stehen Krankenhausdienstleistungen und das Krankenhaus-Engineering. Hierzu rechnet man die Projektplanung, das Facility Management und die Gesamtbetriebsführung.

Abgerundet werden diese Aktivitäten durch die Übernahme des Krankenhauskonzerns Helios, der seit 2005 zu Fresenius gehört. Hierzu gehören Kliniken, die als Maximalversorger eingestuft werden und so genannte Akut-Krankenhäuser sowie Rehabilitationskliniken.

Ebenso konnte sich Fresenius durch die Übernahme des amerikanischen Unternehmens Renal Care Group und Renal Solutions Inc. (RSI) besser in den USA als Heimdialyse-Dienstleister positionieren. Den größten Umsatz mit fast zwei Dritteln erzielt Fresenius in Nordamerika.

Durch verschiedene Zukäufe konnte Fresenius seine Produktpalette erweitern. So erforscht das übernommene indische Unternehmen Dabur Pharma verschiedene Krebsmedikamente, die zu den Zytostatika zählen. Fresenius konnte auch auf dem vietnamesischen Markt Fuß fassen und übernahm Bidiphar II, das Infusionstherapien anbietet.

12.9   GPC Biotech AG

⁣🖰 www.gpc-biotech.com

GPC Biotech konzentriert sich auf die Entwicklung neuer Medikamente gegen Krebs mit Hilfe der Genomforschung. Das Unternehmen untersucht genetische Veränderungen in den Zellen, die zur Entstehung von Tumoren führen. Neue Präparate sollen nicht nur symptomatisch gegen Krebs, sondern auch kausal wirken.

Ein zweiter wichtiger Forschungsbereich sind die Reverse Genomics. Darunter versteht man die Wirkungsweise von Medikamenten und Substanzen auf Gene und auf in der Zelle produzierte Stoffwechselprodukte und deren Interaktion miteinander. Durch diese Forschung soll es ermöglicht werden, Medikamente mit hohem Wirkungsgrad zu konstruieren, die eine hohe Spezifität aufweisen. GPC erforscht zurzeit einen Breitspektrum-Kinase-Hemmer, der bei Krebszellen einen Zelltod auslösen soll.

12.10   Jerini AG

⫻ www.jerini.de

Die Jerini AG hat sich auf peptidbasierte Medikamente ausgerichtet. Es handelt sich dabei um Moleküle, die aus Aminosäuren bestehen. Diese Peptide sind modifiziert worden, gleichen aber natürlichen Peptiden weitgehend. Durch diese Veränderung soll verhindert werden, dass die Peptide vom Körper ausgeschaltet oder vorzeitig abgebaut werden. Die Medikamente, die natürliche Peptide nachahmen, haben den entscheidenden Vorteil, dass sie nur selten oder gar nicht toxisch sind.

Jerini hat bereits ein Medikament gegen das erbliche Angioödem entwickelt. Darüber hinaus erforscht das Unternehmen ein neuartiges Präparat, das gegen die Makuladegeneration wirkt. Diese Erkrankung ist im hohen Alter die häufigste Ursache für eine Erblindung. Auf das Medikament werden daher große Hoffnungen gesetzt.

12.11   MediGene AG

⫻ www.medigene.de

Die MediGene AG entwickelt neuartige Medikamente gegen Krebs – speziell gegen Tumore, die durch Papillomviren verursacht werden. Auch Medikamente gegen Autoimmunkrankheiten gehören zur Produktpalette.

Bereits Ende 2003 erhielt das Unternehmen die Zulassung für ein Medikament gegen Prostatakrebs. Seit 2006 ist dieses Präparat in allen größeren europäischen Ländern auf dem Markt. Darüber hinaus konnte MediGene eine Salbe gegen durch Papillomviren verursachte Warzen in den USA auf den Markt bringen.

Darüber hinaus hat das Unternehmen mehrere Präparate in der Pipeline, die gegen Krebserkrankungen wirken. Sie unterbinden die Blutversorgung eines Tumors und hindern ihn dadurch am Wachstum, da er kaum noch Sauerstoff und Nahrung erhält. Besonders bei der Behandlung von Bauchspeicheldrüsenkrebs, Brust- und Prostatakrebs könnte das Präparat zum Einsatz gelangen.

Durch die Übernahme eines Biotechnologieunternehmens aus Großbritannien hat MediGene sein Spektrum erweitert und hat ein Medikament gegen Rheumatoide Arthritis in der Pipeline.

12.12   Merck

◁⊕ www.merck.de

Die in Darmstadt ansässige Merck KGaA ist ein internationales Unternehmen im Bereich Pharma und Chemie, wobei jedoch die Pharmasparte im Vordergrund steht. Wichtige Medikamente gegen Stoffwechselstörungen, Herz-Kreislauf-Erkrankungen und Krebs gehören zu den wichtigsten Umsatzträgern.

Im chemischen Bereich stellt Merck Flüssigkristalle für Monitore und Displays her, wie sie bei modernen Fernsehgeräten verwendet werden. Neueste Forschungsinnovation in diesem Sektor sind OLEDs (organische lichtemittierende Dioden), die in Zukunft starke Verbreitung finden werden, da sie flexibel einsetzbar sind und sich durch einen äußerst geringen Energieverbrauch auszeichnen. Darüber hinaus produziert Merck Solarzellen.

2006 übernahm Merck das Schweizer Unternehmen Serono. 2007 verkaufte Merck die Generika-Sparte. Die Übernahme von Serono hat Merck eine wichtige strategische Position auf dem Markt der Krebspräparate verschafft. Serono produziert den weltweiten Blockbuster Erbitux, der eines der erfolgreichsten Krebsmedikamente ist. Erbitux wird unter anderem bei Darmkrebs und bei Kopf-Hals-Tumoren eingesetzt.

Darüber hinaus hat Merck zahlreiche Medikamente gegen Herz-Kreislauf-Erkrankungen, Krebs, Hormonstörungen, Diabetes, neurodegenerative Erkrankungen und Hautkrankheiten im Portfolio. Die biotechnologisch produzierten Medikamente machen mehr als die Hälfte aller Arzneimittel bei Merck aus. Das Unternehmen konnte sich dadurch als Konzern für biotechnologische Medizin besonders erfolgreich etablieren. Die Medikamente finden weltweit Nachfrage.

Darüber hinaus hat Merck in seiner Consumer Health Care Sparte ein breites Sortiment an nicht verschreibungspflichtigen Arzneimitteln, die der Gesundheitsprävention dienen und zu denen auch Vitamin- und Mineralienpräparate sowie Antiallergika und Gesundheitspräparate allgemein gehören. Ein besonders starkes Wachstum in diesem Segment konnte in Osteuropa erzielt werden. Langfristig versucht Merck, in den chinesischen und den japanischen Arzneimittelmarkt zu expandieren.

Die Übernahme von Serono hat zu einer Verdopplung der Umsätze im Jahr 2007 geführt. Die Nachfrage nach Krebsmedikamenten wie Rebif und Erbitux ist nach wie vor ungebrochen und weist eine deutlich steigende Tendenz auf.

Zudem stellt Merck Effektpigmente für Kosmetika her und bietet umfassende Produkte und Dienstleistungen im Bereich der Arzneimittelforschung sowie Reagenzien, Testkits und Produkte für die chemische Analyse im Bereich der Chromatographie.

12.13   MorphoSys AG

⤻ www.morphosys.com

Die Morphosys AG befasst sich schwerpunktmäßig mit dem Screening von Proteinen, um auf diese Weise große Bibliotheken zu erstellen, mit deren Hilfe die Entwicklung von Antikörpern beschleunigt werden kann. Das Unternehmen erfasst und katalogisiert die Vielzahl menschlicher Antikörper. Die Bibliothek umfasst Informationen zu mehr als 10 Milliarden Antikörpern. Mit Hilfe dieser Informationen können gezielt Antikörper produziert werden, die nicht im Tierversuch gewonnen werden und daher für die Patienten besser verträglich sind.

Mit Hilfe dieser Technologie können auch neue, maßgeschneiderte monoklonale Antikörper entwickelt werden.

12.14   November AG

⤻ www.november.de

Die November AG ist ein Unternehmen, das an der Schnittstelle zwei wegweisender Innovationstechnologien tätig ist, nämlich der Bio- und der Nanotechnologie. Das Unternehmen hat eine DNA-Identifikationstechnik entwickelt, die es ermöglicht DNA-Bausteine zu überprüfen. Dieses Verfahren dient der Qualitätssicherung und kann auch als Sicherheitsmerkmal für

Banknoten eingesetzt werden. Es beruht auf so genannten Metallclustern im Nanobereich.

Ein zweiter wichtiger Bereich ist die Nukleinsäurediagnostik, die dazu dient Krankheitserreger zu identifizieren. Durch dieses moderne Verfahren kann die Diagnose abgekürzt werden, denn bisher dauert eine herkömmliche Laboruntersuchung mindestens einen Tag. Die Biomoleküle werden durch einen Prozess auf Molekülebene identifiziert. Auf diese Weise kann eine Reihe von Krankheiten – wie Krebserkrankungen, bakterielle und virale Infektionen – möglichst schnell aufgespürt werden.

12.15   Paion AG

⤶ www.paion.de

Die Paion AG hat sich durch ein wichtiges Medikament gegen Schlaganfall in der Branche einen Namen gemacht. Es versucht systematisch, neue Wirkstoffe in diesem Sektor ausfindig zu machen. Bekanntestes Präparat ist Desmteplase, das auch das Risiko von Gehirnblutungen senkt.

Ein zweites Medikament wird als Neuroprotektivum eingesetzt und verhindert, dass Nervenzellen, die durch einen Schlaganfall unterversorgt sind, frühzeitig absterben. Dadurch werden neuronale Ausfälle verhindert.

Der dritte Wirkstoff des Unternehmens ist ein Mittel, das Blutgerinnung hemmt und daher für die Behandlung von Thrombosen und Embolien eingesetzt wird. Es handelt sich um ein Medikament, das die Wirkung von Thrombin verändert. Das Präparat ist ein Derivat des im menschlichen Körper vorkommenden Thrombomodulin.

12.16   Plasmaselect AG

⤶ www.plasmaselect.de

Die Plasmaselect AG stellt vorwiegend Infusions- und Rehydrationslösungen sowie Spüllösungen her. Darüber hinaus gehören zur Produktpalette Präparate zur künstlichen (parenteralen) Ernährung.

Ein zweiter Geschäftsbereich umfasst die Herstellung von Generika, deren Spektrum von Antibiotika über Medikamente in der Notfallmedizin bis zu Schmerzmitteln reicht. Darüber hinaus stellt das Unternehmen Dialyseprodukte und solche für die Blutreinigung (Hämofiltration) sowie Pumpen her.

12.17 Qiagen

✐ www.qiagen.com

Quiagen hat sich auf die Isolierung und Reinigung von Nukleinsäuren spezialisiert und bietet zahlreiche molekularbiologische Untersuchungsverfahren an. Das Unternehmen konzentriert sich auf die automatische Trennung, Reinigung und Untersuchung von Nukleinsäuren und Proteinen. Für die Diagnostik bietet das Unternehmen einfach handbare Nachweiskits an. Große Nachfrage nach diesen Formen der Diagnostik besteht in vielen pharmazeutischen Unternehmen. Aber auch in der Nahrungsmittelkontrolle und in der Kriminalistik bzw. Forensik werden Gentests ständig nachgefragt. Die diagnostischen Tests werden in über 40 Ländern vertrieben.

Das Unternehmen weitet die Diagnosemöglichkeiten durch Akquisitionen weiter aus und ist bestrebt, die Molekulardiagnostik noch durch innovative Testtechnologie zu verbessern.

Auch die hocheffiziente Reinigung von Nukleinsäuren gewinnt an Bedeutung – etwa bei der Herstellung von gentechnologisch erzeugten Impfstoffen und in der Gentherapie. Darüber hinaus entwickelt Qiagen einen spezifischen Test für Darmkrebs.

Mit einer Unternehmensakquisition in den USA konnte Qiagen einen Test für das Papillomvirus erwerben und damit eine führende Marktstellung in diesem diagnostischen Feld erlangen.

Weitere Unternehmensaufkäufe haben Qiagen langfristig strategische Positionen auf dem Gebiet der schnellen und kostengünstigen Sequenzierung von Genmaterial gesichert. Der Nachweis von Krankheitserregern und die Erfassung epigenetischer Strukturen wird dadurch erleichtert und vereinfacht.

12.18   Sanochemia Pharmazeutika AG

⌂ www.sanochemia.at

Die österreichische Sanochemia Pharmazeutika AG, die in der Hauptstadt Wien ihren Sitz hat, gilt als Spezialist für Medikamente zur Behandlung von Störungen des Zentralen Nervensystems.

Wichtigster Wirkstoff ist Galantamin, das aus Pflanzen gewonnen wurde und nun synthetisch hergestellt werden kann. Galantamin wird bei Alzheimer und bei Demenzen eingesetzt. Das Unternehmen entwickelt das Präparat weiter, indem es verschiedene Derivate erforscht. Das Medikament könnte in Zukunft nicht nur in der Demenztherapie Anwendung finden, sondern auch bei der Behandlung von Parkinson und Schlaganfällen.

Darüber hinaus ist das Unternehmen im Bereich der Krebsforschung und der Schmerztherapie tätig. Den größten Umsatz erzielt Sanochemia mit Röntgenkontrastmitteln (speziell in der Magnetresonanz-Tomographie) und verschiedenen Diagnostika wie einen HIV-Test.

Neuartige Diagnostika sollen die frühzeitige Erkennung von Blasenkrebs und Erkrankungen der Bauchspeicheldrüse ermöglichen. Darüber hinaus stellt Sanochemia ein Diuretikum zur Behandlung von Bluthochdruck und ein Medikament gegen Spasmen her.

12.19   Stada Arzneimittel AG

⌂ www.stada.de

Das in Bad Vilbel ansässige Unternehmen hat sich auf nicht verschreibungspflichtige Medikamente (OTC-Präparate) und spezielle Arzneimittel wie Impfstoffe fokussiert. Das Unternehmen stellt vorwiegend patentfreie Arzneimittel her. Die primäre Kompetenz von Stada liegt im Bereich der Vermarktung von Medikamenten. Dabei stehen auch innovative Darreichungsformen im Mittelpunkt – also beispielsweise Präparate, die nicht mehr injiziert werden müssen.

Stadas Vorteil liegt darin, dass das Unternehmen über große Netzwerke verfügt, die die Vermarktung von Arzneimitteln erheblich erleichtern. So konnte Stada beispielsweise in den USA den Generika-Anbieter MOVA Laboratories übernehmen. Auch in Italien und Spanien führten Akquisitionen zum Ausbau des Vertriebsnetzes. Weitere kleinere Unternehmen, die übernommen wurden, stärken die Marktposition, und mit dem Erwerb eines serbischen Unternehmens konnte Stada auch in Osteuropa Fuß fassen. Das Unternehmen hat darüber hinaus Tochterunternemen in China, Thailand, Vietnam und in anderen asiatischen Märkten. Auch in Russland konnte Stada mit der Übernahme des russischen Pharmaunternehmens Nizhpharm erste Erfolge erzielen. Produktionsstätten wurden zusätzlich in Russland und in Vietnam eröffnet. Mit einer strategischen Partnerschaft mit der Lipo-Nova GmbH konnte sich Stada im Bereich der Krebsimpfstoffe positionieren.

12.20   Stratec Biomedical Systems

✒ www.stratec-biomedical.de

Die Stratec Biomedical Systems AG hat sich auf medizintechnische Geräte spezialisiert, mit denen Blutproben untersucht werden können. Der hohe Grad der Automatisierung, der bis zur Vollautomatisierung reichen kann, gilt als Vorzug der Geräte. Die Unternehmen verfügt über zahlreiche Tochtergesellschaften in den USA, Großbritannien, der Schweiz und in Rumänien.

Stratec Biomedical Systems stellt auch die erforderliche Soft- und Hardware bereit. Viele der Geräte werden in klinischen Laboratorien und in Blutbanken eingesetzt. Das Spektrum der Diagnosemöglichkeiten ist breit gefächert und umfasst alle Facetten der modernen Analytik wie z.B. auch Verfahren, die auf der Fluoreszenz oder Lumineszenz beruhen. Biosensorik und Roboting-Systeme runden die Produktpalette ab.

Alle Prozesse von der Probenentnahme und Bearbeitung bis zur Auswertung werden abgedeckt. Hierzu gehören auch die automatische Bildverarbeitung der erzielten/erhaltenen Ergebnisse und die sachkundige Archivierung der Proben in Krankhäusern und Laboren. Einen besonderen Schwerpunkt hat Stratec im Bereich der Krebsdiagnose, nämlich bei der Analyse und Auswertung von Tumormarkern. Diese kann vollautomatisch erfolgen, und stellt somit ein herausragendes Analysesystem dar, das effizient arbeitet. Ähnliche Analysesysteme gibt es für die Blutgerinnung, für Autoimmunkrankheiten und die Identifikation von Virusinfektionen.

Projekte im Bereich der Diagnostik sind eine vollautomatische Analyse von Blutgruppen und die Erkennung von Antibiotikaresistenzen.

12.21   Sygnis AG

◌ www.sygnis.de

Syngis gilt als Experte auf dem Gebiet von Erkrankungen des Zentralen Nervensystems, die bislang kaum oder nur symptomatisch therapiert werden können. Hierzu zählen beispielsweise die relativ seltene, aber tödlich verlaufende Amyotrophe Lateralsklerose (ALS), Rückenmarksverletzungen durch Unfälle, die Erbkrankheit Chorea Huntington, Schlaganfälle und Parkinson.

Das Unternehmen hat mehrere Wirkstoffe in der Pipeline, die gegen diese Krankheiten eingesetzt werden könnten. Das Umsatzpotenzial ist enorm, da Parkinson immer häufiger auftritt, und auch Rückenmarksverletzungen in Folge von schweren Unfällen oft vorkommen. Am weitesten fortgeschritten ist die Entwicklung eines Präparats gegen Schlaganfälle.

12.22   Vita 34 International

◌ www.vita34.de

Das in Leipzig ansässige Unternehmen hat sich auf die Konservierung von Stammzellen spezialisiert. Diese Stammzellen werden aus dem Nabelschnurblut von Neugeborenen gewonnen und sofort aufbereitet. Die Entnahme erfolgt noch im Kreißsaal des Krankenhauses. Das Blut wird vorzugsweise aus der Nabelschnur oder aus der Plazenta gezogen und sofort per Kurier zum Labor gebracht.

Die im Blut enthaltenen Stammzellen werden mit flüssigem Stickstoff sofort konserviert und gelagert. Falls in Zukunft Stammzellentherapien aufgrund des wissenschaftlichen Fortschritts möglich sein sollen, können die Patienten auf ihre eigenen Stammzellen zurückgreifen. Eltern, die ihrem Kind die bestmögliche medizinische Behandlung in einer fernen Zukunft angedeihen lassen wollen, lassen daher vorsorglich Stammzellen konservieren. Bis zum 18. Lebensjahr des Kindes bleiben sie Eigentümer der Stammzellen. Theoretisch wäre es möglich, aus den Stammzellen neue Organe wie Muskeln, Knochen, eine Leber, eine Bauchspeicheldrüse oder andere Organe herzustellen.

Wie sich die Stammzellentherapie entwickeln wird, lässt sich noch nicht eindeutig prognostizieren. Es gelang jedoch, mit Nabelschnurblut Leukämie zu behandeln.

12.23   Wilex AG

✍ www.wilex.com

Die Wilex AG, die aus einem Forschungsprojekt an der Technischen Universität in München entstand, befasst sich mit neuen Behandlungsmöglichkeiten bei Krebs und setzt dabei auf Antikörper und niedermolekulare Substanzen.

Einige Wirkstoffe sind bereits in der klinischen Phase angelangt. Die Präparate sollen Tumore in ihrem Wachstum hemmen und die Ausbildung von Metastasen verhindern.

Schwerpunkt ist die Bekämpfung eines Nierenkrebses. Darüber hinaus werden Wirkstoffe gegen Magen- und Darmkrebs sowie Brust-, Bauchspeicheldrüsen- und Eierstockkrebs erforscht.

12.24   4SC AG

✍ www.4sc.de

Das Unternehmen hat ein Hochdurchsatz-Screening-Verfahren entwickelt, das in der pharmazeutischen Forschung die Entwicklung neuer Medikamente beschleunigt. Das Spektrum reicht von der Identifizierung eines Wirkstoffs bis hin zur klinischen Erprobung.

Darüber hinaus erforscht die 4SC AG Wirkstoffe gegen Rheumatoide Arthritis, Multiple Sklerose und gegen Krebs. Eine weitere Substanz wird auf eine

Wirksamkeit gegen chronisch-entzündliche Darmerkrankungen untersucht. Andere Wirkstoffe gegen die Vogelgrippe und die akute, Myeloische Leukämie werden weiter erforscht.

12.25   BB Biotech AG

🖰 www.bbbiotech.com

Die Schweizer BB Biotech AG ist kein Biotechnologieunternehmen, sondern eine Beteiligungsgesellschaft in Form einer Holding, die sich auf den Sektor Biotechnologie spezialisiert hat.

Schwerpunkte der Beteiligungen sind Firmen in Nordamerika und Europa. Alle Beteiligungen werden langfristig gehalten und sollen eine möglichst hohe jährliche Rendite von im Durchschnitt 15 Prozent erreichen.

Die Kernbeteiligungen fokussieren sich auf Biotechnologieunternehmen, die sich bereits in der Gewinnzone befinden und den Break-even-Point erreicht haben, was in dieser Branche schon ein Qualitätsmerkmal ist. Der Fokus richtet sich auch auf Unternehmen, die schon Medikamente mit einer Zulassung haben oder deren Wirkstoffe die klinische Phase erreicht haben.

Weitere Beteiligungen sollen dazu dienen, die Rendite noch weiter zu steigern. Diese spekulativeren Investments sollen nach spätestens zwei Jahren das Niveau der Kernbeteiligungen erreichen. Die BB Biotech berät auch die einzelnen Unternehmen und wirkt unterstützend bei der Gestaltung und Initiierung von Kooperationen mit. Die Beratung erstreckt sich auch auf Genehmigungsverfahren und Finanzierungsleistungen sowie auf die Positionierung auf den internationalen Finanzmärkten. Im Durchschnitt hält BB Biotech circa 20 Beteiligungen, von denen ein Viertel zum Kern gehört. Zwei Drittel aller Beteiligungen stammen aus den USA, was ein gewisses Währungsrisiko bedeutet.

Für Anleger ist die börsennotierte Beteiligungsgesellschaft eine gute Chance, sich ein sorgfältig ausgewähltes Portfolio an Biotechnologiewerten zuzulegen, das zudem aktiv gemanagt wird.

13   Internationale Biotechnologiewerte

Im Folgenden werden die wichtigsten internationalen und vor allem US-amerikanischen Biotechnologieaktien kurz skizziert und deren Forschungsschwerpunkte beschrieben.

Unternehmen	Forschungsschwerpunkte
Abraxis BioScience	Krebsforschung und Nanotechnologie, Chemotherapie (Taxane) mit Nanopartikeln zur Behandlung von Brustkrebs
Acorda Therapeutics	Multiple Sklerose, Rückenmarksverletzungen, Spasmen; im Vordergrund steht die Erforschung der Multiplen Sklerose.
Acorda Therapeutics	Multiple Sklerose, Spasmen, Störungen des Zentralen Nervensystems
Affymetrix	Genanalysen, Wirkstoffforschung, Pharmakogenomik, Molekulardiagnostik, DNA-Chips
Alexion Pharmaceuticals	Krebs, Autoimmunerkrankungen, neurologische Erkrankungen
Alkermes	Alkoholabhängigkeit, Schizophrenie, bipolare Störungen
Allos Therapeutics	Krebsforschung (T-Zellen-Lymphom, Lungenkrebs, Non-Hodgkin-Lymphom)
Alnylam Pharmaceuticals	RNAi-Technologie (Genabschaltung)
Amarillo Biosciences	Orales Alpha-Interferon
Amgen	größtes Biotechnologieunternehmen der Welt, spezialisiert auf Krebsforschung, Nierenerkrankungen und Entzündungen; Herstellung von Erythropoetin
Amylin Pharmaceuticals	Diabetes
Anadys Pharmaceuticals	Hepatitis C
Antigenics	Impfstoff gegen Nierenkrebs, Gehirntumoren, Genitalherpes
AVI BioPharma	Antisense-Technologie gegen Ebola, Marburg-Krankheit und Dengue-Fieber

Bio-Bridge Science	Impfstoffe gegen HIV, Gebärmutterhalskrebs, Dickdarmkrebs
BioCryst Pharmaceuticals	Krebsforschung, Autoimmunkrankheiten, Virusinfektionen, Grippe (Neuraminidase-Hemmer), Leukämie (CLL); Blockade von Enzymen durch strukturbasiertes Wirkstoffdesign
Biogen Idec	Multiple Sklerose, Non-Hodgkin-Lymphom (NHL), Rheumatoide Arthritis, Morbus Crohn, Schuppenflechte; das Unternehmen stellt Medikamente gegen Krebs (Rituximab) und gegen Multiple Sklerose (Natalizumab) sowie monoklonale Antikörper her.
Biovest International	Impfstoff gegen Krebs (Non-Hodgkin-Lymphom)
Celgene	Krebs und Autoimmunkrankheiten, intrazelluläre Signalverarbeitung, Immunmodulation bei Krebs, breit gefächertes Medikamentenportfolio
Cell Genesys	Immuntherapie gegen Prostatakrebs
Cell Therapeutics	Krebsforschung, Non-Hodgkin-Lymphom
Celsion	Brustkrebs, Leberkrebs
Cephalon	Zentrales Nervensystem, Krebsforschung, Schmerztherapie, Schlafstörungen, Apnoe
Cubist Pharmaceuticals	Antibiotika (Staphylococcus Aureus), MRSA
Cyclacel Pharmaceuticals	Krebsforschung, Lungenkrebs
Dendreon	Prostatakrebs, aktive Immuntherapie gegen Krebs
Dynavax Technologies	Impfstoff gegen Hepatitis B, Hepatitis-C-Medikament, Impfstoff gegen Grippe
Exelixis	Krebsforschung
Genentech	sehr breites Spektrum an biotechnologischen Präparaten; biotechnologischer Konzern, der von Roche übernommen wurde
Genomic Health	Diagnosetest für Brustkrebs
Genzyme	Erbkrankheiten, Herz-Kreislauf-Erkrankungen, Nierenerkrankungen, Leukämie
Geron	Krebsforschung, Rückenmarksverletzungen, Diabetes, Herzversagen, Impfstoffe gegen Krebs, Medikamente auf Stammzellbasis, Telomerase-Aktivatoren zur Zellregeneration
Gilead Sciences	etabliertes Biotechnologieunternehmen mit einer breiten Produktpalette, international aufgestellt
GTx	Krebsforschung, Osteoporose, Knochenschwund

HepaLife Technologies	Leberdialyse (bei Leberversagen), Ersetzung der Leberfunktion, Blutentgiftung
Human Genome Sciences	Hepatitis C, Milzbrand, Lupus Erythematosus
Icagen	Asthma, Epilepsie
ImClone Systems	Krebs (Angiogenese-Inhibitoren), Antikörper (Cetuximab)
ImmunoGen	Krebsforschung, Technologie zur Zerstörung von Krebszellen (TAB) mit Hilfe von Antikörpern
Immunomedics	Monoklonale Antikörper gegen Krebs und Autoimmunerkrankungen, Non-Hodgkin-Lymphom, Leukämie (ALL)
Incyte	Krebsforschung, AIDS, Diabetes, Entzündungen
Inhibitex	Infektionskrankheiten, Hepatitis C, Gürtelrose
InterMune	Lungenkrankheiten, Hepatitis C
Isis Pharmaceuticals	Antisense-Technologie, Mikro-RNA-Technologie
Luminex	Testverfahren (xMAP) für die Wirkstoffentwicklung, Gen- und Proteinanalyse
Micromet	Leukämie (ALL), Non-Hodgkin-Lymphom, Tumoren
Momenta Pharmaceuticals	Thrombose, Koronarerkrankungen, Multiple Sklerose
Myriad Pharmaceuticals	HIV, Krebsforschung, Tumoren und Metastasen
Nektar Therapeutics	Polymere, Krebsforschung, Virostatika, Pharmakokinetik
Neurocrine Biosciences	Neurologische Erkrankungen
Neurogen	Parkinson
Neurologix	Parkinson
Novavax	Impfstoffe mit der VLP-Technik (Partikel der Virushülle) in Form von Nanostrukturen, Impfstoffe gegen Vogelgrippe (H5N1), Grippe und Gürtelrose
Oncothyreon	Impfstoffe gegen Krebs (Lungenkrebs)
Onyx Pharmaceuticals	Krebsforschung, Nieren- und Leberkrebs, Angiogenese- und Kinase-Inhibitor, Inhibitoren der Signalweiterleitung in Zellen; Medikamentenzulassung in mehr als 70 Ländern
Opexa Therapeutics	Adulte Stammzellentherapie gegen Multiple Sklerose
OSI Pharmaceuticals	Krebsforschung, Lungenkrebs, Diabetes
Osiris Therapeutics	Morbus Crohn, Stammzelltherapie, Entzündungen
Peregrine Pharmaceuticals	Monoklonale Antikörper gegen Krebs und Virusinfektionen, speziell hämorrhagisches Fieber

Power3 Medical Products	Biomarker für ALS, Alzheimer, Parkinson und Krebserkrankungen
Progenics Pharmaceuticals	HIV, Hepatitis C, Prostata-Krebs
Raptor Pharmaceuticals	Chorea Huntington, Leberkrebs
SciClone Pharmaceuticals	Hepatitis B und C, Bauchspeicheldrüsenkrebs, Leberkrebs
Seattle Genetics	Hodgkin Lymphom
StemCells	Stammzellentherapie
Sunesis Pharmaceuticals	Krebsforschung, Tumoren, Leukämie, Ovarialkrebs
Targacept	Parkinson, Nikotinentzug, Suchtverhalten
Titan Pharmaceuticals	Schizophrenie, Psychosen, Parkinson
United Therapeutics	Krebs, Infektionskrankheiten, Herz-Kreislauf-Erkrankungen, Bluthochdruck
Vertex Pharmaceuticals	Hepatitis C (Protease-Inhibitor), zystische Fibrose
ViroPharma	Zytomegalie, Clostridium-Infektionen (Lebensmittelvergiftung)

Schlusswort

Die Biotechnologie ist eine der großen Schlüsseltechnologien und ein Innovationsmotor des 21.Jahrhunderts. Das Wissen nimmt exponenziell zu; die Zahl der Patente in diesem Bereich steigt seit über einem Jahrzehnt um 25 Prozent jährlich. In Zukunft wird es auch immer mehr Schnittstellen zwischen Bio- und Nanotechnologie (Nanobiotechnologie) geben, so dass es möglich wird, „molekulare Maschinen" zu konstruieren. Ebenso bedeutungsvoll sind die Bioinformatik und die Bioelektronik. Inzwischen ist es sogar schon möglich, Computerchips mit Neuronen zu verknüpfen. Man konnte bereits die Nervenzellen von Ratten „anzapfen" und die abgegebenen elektrischen Impulse datentechnisch auswerten.

Die Biotechnologie ist eine der Schlüsseltechnologien des 21. Jahrhunderts und wird mehr Umwälzungen und Innovationen mit sich bringen als die meisten Erfindungen, die in den vergangenen 200 Jahren auf den Markt kamen. Noch steht die Biotechnologie ganz am Anfang und profitiert von einer umfassenden und dynamischen Grundlagenforschung, die es ermöglicht hat, weiter in den Mikrokosmos der Gene vorzudringen.

In der Zukunft werden etliche Biotechnologieunternehmen bahnbrechende Fortschritte in der Medizin, im Umweltschutz und in vielen anderen Bereichen erzielen, die das Leben der Menschen noch stärker verändern werden. Für Anleger, die die Entwicklung genau und sorgfältig beobachten, ergeben sich in diesem Sektor enorme Investmentchancen mit einer überdurchschnittlichen Rendite. Doch ähnlich wie die Fülle der Eisenbahnaktien, die in der zweiten Hälfte des 19. Jahrhunderts viele Anleger anlockten und manchen erhebliche Verluste bescherten, sind nicht alle Biotechnologiewerte für ein Investment geeignet. Auch hier sollten vorsichtige und kluge Investoren die Spreu vom Weizen trennen. In vielen neu gegründeten Biotechnologieunternehmen werden keine Gewinne geschrieben, sondern es wird die Zu-

lassung eines neuen Wirkstoffs in Aussicht gestellt, der erst in zehn Jahren –
wenn alles gut geht – auf den Markt kommen wird.

Solider ist ein Investment, das auf Biotechnologiekonzerne setzt, die bereits
etabliert sind und über verschiedene, gewinnträchtige Präparate verfügen.
Im Grenzbereich zwischen Bio- und Informationstechnologie sowie speziell
in der analytischen Biotechnologie sind exorbitante Kursgewinne zwar nicht
zu erwarten; aber dafür verfügen diese Unternehmen über ein stabiles Geschäftsfeld, das von Anfang an in der Gewinnzone operiert.

Anleger, die Biotechnologieaktien als Beimischung in ihr Portfolio aufnehmen, sollten auf eine ausreichende Streuung achten. Mit dem Erwerb weniger Einzeltitel steigt das Risiko überdurchschnittlich an. Eine Fondslösung
ist daher ratsamer. Investoren sollten einen langfristigen Anlagehorizont von
mindestens fünf oder zehn Jahren haben, denn aufgrund der hohen Volatilität können Biotechnologieaktien kurzfristig ins Minus fallen. Langfristig
aber werden sich solide Biotechnologietitel als ein lukratives Investment
erweisen.

Literatur

Barnum, S.: Biotechnology. An Introduction. Cole Belmont: Thomson-Brooks, 2005.

Bengs, Holger (Hrsg.): Mit Biotechnologie zum Börsenerfolg. München: Finanzbuchverlag, 2000.

Bengs, Holger; Bayer, Mike: Investieren in Biotechnologie. Chancen, Risiken, Möglichkeiten. München: Finanzbuchverlag, 2008.

Brown, T.: Gentechnologie für Einsteiger. 3. Aufl. Heidelberg: Spektrum Akademischer Verlag, 2002.

Bundesministerium für Bildung und Forschung (Hrsg.): BioPharma: Für die Medizin der Zukunft. Ein Strategiewettbewerb als Teil der Pharma-Initiative für Deutschland. Bonn, Berlin 2007.

Bundesministerium für Bildung und Forschung (Hrsg.): Biotechnologie – Basis für Innovationen. Bonn 2000.

Bundesministerium für Bildung und Forschung (Hrsg.): Regenerative Medizin und Biologie. Bonn, Berlin 2005.

Bundesministerium für Bildung und Forschung (Hrsg.): Weiße Biotechnologie. Chancen für neue Produkte und umweltschonende Prozesse. Bonn, Berlin 2008.

Davies, K.: Die Sequenz. Der Wettlauf um das menschliche Genom. München: dtv, 2003.

Dellweg, H.: Biotechnologie verständlich. Heidelberg: Springer Verlag 1992.

Dingermann, T.: Gentechnik Biotechnik. Stuttgart: Wissenschaftliche Verlagsgesellschaft, 1999.

Dingermann, T.: Gentechnik Biotechnik. Stuttgart: Wissenschaftliche Verlagsgesellschaft 1999.

Dixon, B.: Der Pilz, der John F. Kennedy zum Präsidenten machte. Heidelberg: Spektrum Akademischer Verlag 1998.

Goodsell, D.: Bionanotechnology. Lessons from Nature. Hoboken: Wiley-Liss, 2004.

Kayser, O.; Müller, R.: Pharmaceutical Biotechnology. Weinheim: Wiley-VCH, 2004.

Kempken, F.; Kempken, R., Stockmeyer; K.: Gentechnik bei Pflanzen. Chancen und Risiken. 2. Aufl. Berlin: Springer 2003.

Leuchtenberger, A.: Grundwissen zur mikrobiellen Biotechnologie. Stuttgart, Leipzig: Teubner 1998.

Menrad, K.; Gaisser, S., Hüsung, B. und Menrad, M.: Gentechnik in der Landwirtschaft, Pflanzenzucht und Lebensmittelproduktion. Heidelberg: Physica-Verlag 2003.

National Human Genome Research Institute: www.genome.gov

Podschun, T.: Sie nannten sie Dolly. Von Klonen, Genen und unserer Verantwortung. Weinheim: Wiley-VCH, 1999.

Primrose, S.; Twyman, R.: Genomics. Applications in Human Biology. Malden: Blackwell Publishing, 2003.

Reich, J.: Es wird ein Mensch gemacht. Möglichkeiten und Grenzen der Gentechnik. Berlin: Rowohlt, 2003.

Renneberg, R.; Reich, J.: Liebling, du hast die Katze geklont! Biotechnologie im Alltag. Weinheim: Wiley-VCH, 2004.

Renneberg, Reinhard: Biotechnologie für Einsteiger. 2. Aufl. München: Elsevier GmbH, 2007.

Rifkin, J.: Das biotechnische Zeitalter. Die Geschäfte mit der Gentechnik. München: Goldmann, 2000.

Schmid, R. D.: Taschenatlas der Biotechnologie und Gentechnik. Weinheim: Wiley-VCH 2002.

Thiemann, W.; Palladino, M.: Introduction to Biotechnology. San Francisco: Pearson, 2004.

Verband Forschender Arzneimittelhersteller (Hrsg.): Dem Körper helfen, sich zu wehren. Impfstoffe schützen. Berlin 2008.

Verband Forschender Arzneimittelhersteller (Hrsg.): Die Arzneimittelindustrie in Deutschland. Berlin 2008.

Verband Forschender Arzneimittelhersteller (Hrsg.): Forschung für das Leben. Entwicklungsprojekte für innovative Arzneimittel. Berlin 2009.

Verband Forschender Arzneimittelhersteller (Hrsg.): Forschung ist die beste Medizin. Berlin 2008.

Verband Forschender Arzneimittelhersteller (Hrsg.): Gentechnische Arzneimittel. Hightech im Dienst der Patienten. Berlin 2006.

Wagner, Bruno: Die Biotech-Aktie. Investieren in den Markt der Zukunft. Wien: Ueberreuter Verlag, 2000.

Weber, T.: Schnellkurs Genforschung. Köln: Du Mont, 2002.

Wilmut, I.; Campbell, K.; Tudge, C.: Dolly. Der Aufbruch ins biotechnische Zeitalter. München: Carl Hanser Verlag, 2000.

Wink, M.: Molekulare Biotechnologie. Konzepte und Methode. Weinheim: Wiley-VCH, 2004.

Internetadressen:

www.biotechfind.com (Suchmaschine für Biotechnologie)

www.biotechnologie.de (Hintergrundwissen über Biotechnologie, staatliche Förderung)

www.biosicherheit.de (Thema Biosicherheit)

www.gruene-biotechnologie.de

www.bio.org (Biotechnologie-Verband USA)

www.dib.org (Deutsche Industrievereinigung Biotechnologie DIB)

www.vbio.de (Verband für Biologie, Biowissenschaften und Biomedizin)

www.vfa.de (Verband Forschender Arzneimittelhersteller)

www.dechema.de (Gesellschaft für Chemische Technik und Biotechnologie)

www.bpi.de (Bundesverband der pharmazeutischen Industrie)

www.biodeutschland.de (Informationen zu Biotechnologieunternehmen in Deutschland)

www.i-s-b.org (BMBF)

www.fiercebiotech.com (internationale Analysen zur Biotechnologie)

www.bionity.com (internationaler Informationsdienst zur Biotechnologie)

www.transgen.de (transgene Pflanzen)

www.lifescience.de (Biotechnologie allgemein)

www.goldenrice.org/index.html (Goldener Reis)

www.microbes.info (Mikroorganismen)

www.antibodyresource.com/educational.html (Antikörper)

www.genewatch.org (kritische Analyse)

Sachverzeichnis

www.ingramcontent.com/pod-product-compliance
Lightning Source LLC
Chambersburg PA
CBHW060302220326
41598CB00027B/4210